SCHULE DES PARTITURSPIELS

BAND I: ALTE SCHLÜSSEL

HERAUSGEGEBEN VON EGON BÖLSCHE

EDITION PETERS / LEIPZIG

ZUR EINFÜHRUNG

Wer die alten Partituren der a-cappella-Musik des 15., 16. und 17. Jahrhunderts aufschlägt und sich damit beschäftigen will — beispielsweise mit den Sammlungen Orlando di Lassos, Palestrinas, Monteverdis, oder der deutschen Meister wie Hassler, Lechner, Praetorius, Schein, Scheidt, Schütz, Senfl und vieler anderer, in denen polyphone Chorsätze von der Zweistimmigkeit an bis acht, zwölf und mehr Stimmen enthalten sind, oder auch, wer Instrumentalsätze von Hausmann, Franck, Peuerl, Muffat und anderen in der Originalnotierung zu Gesicht bekommt — wird zunächst verwirrt vor den sogenannten alten Schlüsseln und der Fülle ihrer verschiedenen Kombinationen stehen.

Neben dem, jedem Pianisten geläufigen Violin- und Baßschlüssel ist es hauptsächlich der C-Schlüssel, der in den verschiedenartigsten Stellungen im Liniensystem, nämlich auf der ersten, zweiten, dritten, vierten und auch auf der fünften Linie vorkommt und dessen Entschlüsselung vielen Musikbeflissenen unbekannt ist.

Aber auch der Violin- und Baßschlüssel findet sich in der alten Chormusik vielfach auf anderen Linien stehend, als auf den uns heute geläufigen, vor und vergrößert in Verbindung mit den gleichzeitig auftretenden Kombinationen der C-Schlüsselstellungen das Lesen einer solchen Partitur ganz erheblich.

So bleiben für viele Musikinteressierte, ja selbst für Musiker diese Schätze der alten Musik mangels genügender Kenntnis dieser Schlüssel ungenützt, für den Ungeschulten aber bleiben sie Bücher mit „sieben Siegeln".

Diese Siegel wollen wir mittels dieser Schule lösen —, nicht etwa durch Herstellung von Klavierauszügen oder Umschlüsselungen in den eingebürgerten Violin- und Baßschlüssel, sondern durch systematische Anleitung, diese alten Schlüssel verstehen und lesen zu lernen.

Aber nicht nur an den Kreis der Interessierten für Alte Musik — also an Musikforscher, Chorleiter, Kirchen- und Schulmusiker usw. — wendet sich unser Lehrgang, sondern auch an den werdenden Opern- und Orchesterdirigenten. Gerade auch für ihn ist die Beherrschung der alten Schlüssel, die z. T. auch heute noch in den älteren Orchester-, Opern- und Chorpartituren Verwendung finden, unumgängliche Notwendigkeit.

Die Anordnung der als Übungen ausgewählten Stücke und Chorsätze beginnt mit einfachen zweistimmigen Beispielen und führt bis zu komplizierten vier- und fünfstimmigen Kombinationen. Durch die Angabe von Umschlüsselungen bei jedem Übungsstück ist ein reicher Schatz an Transpositionsbeispielen bereitgestellt; denn das Transponieren ist eine wesentliche Vorbereitung zum Partiturspielen. Außerdem ist durch Aufnahme italienischer, niederländischer und deutscher Chorsätze, Madrigale und Instrumentalstücke aus vier Jahrhunderten Anregung zum Studium der verschiedenen Kompositionstechniken und -stile gegeben.

Die Durcharbeitung dieses Lehrgangs setzt den Studierenden instand, sich — die nötige Spieltechnik vorausgesetzt — mit Erfolg mit der klassischen und modernen Orchesterpartitur am Klavier zu beschäftigen. Der systematischen Erarbeitung solcher Partituren wird ein zweiter Band gewidmet sein.

Leipzig 1952

Egon Bölsche
Professor an der Hochschule für Musik zu Leipzig

INHALT

Zur Einführung II

Erläuterungen zum Lesen der alten Schlüssel V

PRAKTISCHE ÜBUNGSBEISPIELE

I. Zweistimmig

a) Übungen mit dem Sopranschlüssel   Seite
  1. Josquin des Près: Ave verum 1
  2. Johannes Schultz: Fuga 2
  3. G. S. Löhlein: Allegro c-moll 3
  4. Joh. Mattheson: Allemanda B-dur 4
  5. Joh. Mattheson: Corrente B-dur 4

b) Übungen mit dem Altschlüssel
  6. Josquin des Près: Qui tollis peccata 5
  7. Giovanni da Cascia: Madrigal 6
  8. Josquin des Près: Agnus Dei 7
  9. Orlando di Lasso: Cantio sine textu 8
 10. Johannes Schultz: Fantasia 9

c) Übungen mit dem Sopran- und Altschlüssel   Seite
 11. Ludwig Senfl: Crucifixus 10
 12. Samuel Scheidt: Bicinium contrapuncto duplici 10

d) Übungen mit dem Tenorschlüssel
 13. Josquin des Près: Pleni sunt coeli 11
 14. Orlando di Lasso: Sicut rosa 12
 15. Orlando di Lasso: Cantio sine textu 12

e) Übungen mit dem Alt- und Tenorschlüssel
 16. Orlando di Lasso: Fulgebunt justi 14

f) Übungen mit dem Sopran- und Tenorschlüssel
 17. Josquin des Pres: Pleni sunt coeli 15
 18. Samuel Scheidt: (Aus „Tabulatura Nova") 16

II. Dreistimmig

a) Übungen mit dem Sopranschlüssel
 19. Cl. Monteverdi: La Pastorella 17
 20. Sixt Dietrich: Et vos, pueruli 18
 21. A. Gumpelzhaimer: O Jesu Christ 19

b) Übungen mit dem Altschlüssel
 22. A. Busnoys: Pour entre tenir mes amours 20
 23. Orlando di Lasso: Wir haben, Herr, mit unsern Ohren 21

c) Übungen mit dem Sopran- und Altschlüssel
 24. Johannes Schultz: Mit deiner Zucht (Madrigal) 22
 25. Ludwig Senfl: Et resurrexit 24
 26. G. P. da Palestrina: Crucifixus 25
 27. G. P. da Palestrina: Benedictus 27
 28. J. S. Bach: Denn, das Gesetz des Geistes 28
 29. G. P. da Palestrina: Benedictus 28

d) Übungen mit dem Tenorschlüssel
 30. Glogauer Liederbuch: Der ratten schwanz 30
 31. Ludwig Senfl: Benedictus 31
 32. Joh. Ockeghem: Ma bouche rit 32

e) Übungen mit dem Alt- und Tenorschlüssel
 33. A. Busnoys: Cent mille escus 33
 34. Ludwig Senfl: Qui sedes 34
 35. J. S. Bach: So aber Christus in euch ist 34

f) Übungen mit dem Sopran- und Tenorschlüssel
 36. A. Gumpelzhaimer: Jesu, du armes Kindlein 36
 37. Cl. Monteverdi: Godi pur del bel sen 36
 38. Glogauer Liederbuch: Möchte wunsch mit senen 37
 39. Ludwig Senfl: Pleni sunt coeli 38
 40. Orlando di Lasso: Mein Gott, mein lieber treuer Gott 38

g) Übungen mit dem Sopran-, Alt- und Tenorschlüssel
 41. Antonio Lotti: Benedictus 40
 42. Johann Eccard: Unsre lieben Hühnerchen 41
 43. M. Praetorius: Vater unser im Himmelreich 42
 44. G. P. da Palestrina: Benedictus 42
 45. G. P. da Palestrina: Benedictus 43
 46. Orlando di Lasso: Auf dich, mein lieber Herr 44

III. Vierstimmig

g¹) „Die vier Singschlüssel"
 47. Joh. Stadlmayr: Vos prima Christi victima 45
 48. Antonio Lotti: Kyrie 46
 49. H. L. Hassler: Nun fanget an 48
 50. Heinrich Schütz: Das teutsche Gloria 49
 51. M. Praetorius: Courenta 55
 52. Paul Peuerl: Paduan 56
 53. Melchior Frank: Instrumentalsatz 57

54. Val. Hausmann: Fuga 58
55. J. S. Bach: Es ist genug 60
56. J. S. Bach: Du heilige Brunst 61
57. J. S. Bach: Weg mit allen Schätzen 62
58. J. S. Bach: Christus der ist mein Leben .. 63
59. J. S. Bach: Nun lieget alles unter dir 63
60. J. S. Bach: Herrscher über Tod und Leben . 64
61. J. S. Bach: Vom Himmel hoch 65
62. J. S. Bach: Drauf schließ ich mich 68
63. J. S. Bach: Wir glauben all 69
64. J. S. Bach: Kyrie Gott Vater 70
65. J. S. Bach: Vor deinen Thron tret ich hiermit ... 71
66. J. S. Bach: Alles, was Odem hat 73
67. J. S. Bach: IV. Variation der „Canonischen Veränderungen" über „Vom Himmel hoch" 77

g^{II}) Andere Schlüsselkombinationen

68. Ludwig Senfl: Et in terra pax 81
69. Joh. Herm. Schein: Tripla 83
70. Paul Peuerl: Paduan 84
71. G. P. da Palestrina: Gloriosi princeps ... 85
72. Joh. Herm. Schein: Paduana für 4 Krummhörner 88
73. H. L. Hassler: Hor va canzona mia 89
74. A. Gumpelzhaimer: O elend Menschenkind 90
75. J. S. Bach: Gute Nacht, o Wesen 90
76. G. P. da Palestrina: Tu quae genuisti ... 93

IV. Fünfstimmig in verschiedenen Kombinationen

77. J. S. Bach: Sinfonia (2 Viol., 2 Vle., Cont.) 95
78. H. L. Hassler: Wann du, Jungfrau 95
79. J. S. Bach: So nun der Geist 98
80. Isaac Posch: Gagliarda 100
81. Cl. Monteverdi: Se per estremo ardore (Madrigal) 102
82. L. Lechner: O Tod, du bist ein bittre gallen 107
83. Georg Muffat: Ouverture 109

V. Chiavetten

h) Der Mezzosopranschlüssel 111

i) Der Baritonschlüssel 111

k) Übungen mit dem Mezzosopran- und Baritonschlüssel . 111

vierstimmig:

84. Joh. Eccard: Kein Freud ohn dich 111
85. Orlando di Lasso: Aus gutem Grund 113
86. H. L. Hassler: Chi mi dimandarà 114
87. M. Praetorius: Bransle Gentil 116

fünfstimmig:

88. H. L. Hassler: Ecce enim 117
89. J. B. Lully: Rondeau 119

l) Der französische Violinschlüssel 120

m) Der Subbaßschlüssel 120

Aufstellung der in dieser Schule zur Anwendung kommenden Schlüsselkombinationen 121

Komponistenverzeichnis 122

ERLÄUTERUNGEN
ZUM LESEN DER ALTEN SCHLÜSSEL

Man unterscheidet im wesentlichen drei Arten von Schlüsseln:

1. Den G-Schlüssel
2. Den C-Schlüssel
3. Den F-Schlüssel

Die stilisierten Formen dieser Schlüssel sind im Laufe der Zeiten infolge flüchtigen Schreibens aus den Buchstaben G, C und F entstanden Diese Tonbuchstaben stehen am Anfang eines Liniensystems und fixieren die Tonhöhenbedeutung der ihnen nachstehenden Noten. Sie stehen auf einer der fünf Linien des Systems und deuten durch ihr Charakteristikum an, daß die Note auf der gleichen Linie

1. nach dem G-Schlüssel das eingestrichene g,
2. nach dem C-Schlüssel das eingestrichene c,
3. nach dem F-Schlüssel das kleine f sein soll.

Die Noten auf den übrigen Linien und in den Zwischenräumen erkennt man nunmehr aus ihrem Abstandsverhältnis zu dieser markierten und benannten Linie. Im 10. bis 13. Jahrhundert wurde aus Gründen schnellerer Übersicht und Unterscheidung die C-Linie gelb und die F-Linie rot ausgezogen.

Jeder dieser drei Schlüssel könnte — theoretisch gesehen — auf jeder der fünf Linien des Liniensystems stehend vorkommen, in der Praxis hat man allerdings ihre Anwendung begrenzt, da sie sich zum Teil als Quintindex gegenseitig aufheben. Eine schematische Darstellung möge das veranschaulichen.[1]) Der Gammaschlüssel Γ (er markiert das Große G) und der Kontra-C-Schlüssel CC (Groß C) wurden hier nur der Vollständigkeit halber dem Schema eingereiht. Sie sind in der Choralmusik vornehmlich im 15. und 16. Jahrhundert zur Aufzeichnung tiefer Männerstimmen und für den Posaunen- und Fagottenchor, etwa alter Turmmusiken, bekannt geworden. Sie bleiben im folgenden unbehandelt, da sie heute jegliche praktische Bedeutung verloren haben.

Der *G-Schlüssel* auf der 1. Linie (Nr. 1 der Darstellung) ist als „Französischer Violinschlüssel" im 17. Jahrhundert vielfach gebräuchlich gewesen.
Auf der 2. Linie (Nr. 2) ist er als *Violinschlüssel* allgemein bekannt.
Auf der 3. Linie (Nr. 3) kennt ihn nur die barocke Instrumentalmusik; er ist als Quintindex vom C-Schlüssel auf der 1. Linie verdrängt worden.
Die G-Schlüssel auf der 4. und 5. Linie (Nr. 4 u. 5) kommen in der Praxis nicht vor; statt ihrer verwandte man den C-Schlüssel.
Der *C-Schlüssel* auf der 1. Linie (Nr. 3), der *Sopranschlüssel*, wurde auch in neuerer Zeit noch in Chor- und Opernpartituren (Wagner, Strauß!) geschrieben.
Auf der 3. Linie (Nr. 5), als *Altschlüssel*, findet er außerdem für die Notation der Bratschen, Gamben und Altposaunen-Stimme Verwendung.
Ebenso notiert man ihn auf der 4. Linie (Nr. 6) als *Tenorschlüssel* (wie auch für Tenorposaune und die höheren Lagen des Violoncellos und Fagotts).
Auf der 2. Linie (Nr. 4) ist der C-Schlüssel als *Mezzosopranschlüssel* nur im alten a-cappella-Stil üblich gewesen.
Auf der 5. Linie (Nr. 7) schließlich als *Baritonschlüssel* ist er nur sehr selten in Erscheinung getreten; statt seiner wurde fast immer der F-Schlüssel auf der 3. Linie verwandt.
Der *F-Schlüssel* auf der 1. oder 2. Linie (Nr. 5 u. 6) ist nicht bekannt geworden, man schreibt hier stets den C-Schlüssel in der Stellung als Alt- bzw. Tenorschlüssel.
Der F-Schlüssel auf der 4. Linie (Nr. 8) ist unser noch heute gebräuchlicher *Baßschlüssel*.
Auf der 5. Linie (Nr. 9) ist der F-Schlüssel als *Subbaßschlüssel* nur in der älteren Chorliteratur zu finden.

Ganz selten trat er auf der 1. Hilfslinie (Nr. 10) als *Subkontrabaßschlüssel* auf.
Von den Gamma- und Kontra-C-Schlüsseln (Nr. 8—14) ist nur die Stellung unter Nr. 10 (CC auf der ersten und Γ auf der dritten Linie) bekannt geworden.

Ziehen wir aus unserem Schema die Schlüssel heraus, die in der alten Notation im wesentlichen verwendet wurden, so erhalten wir folgende Zusammenstellung:

1. Französischer Violinschlüssel (selten)
2. Violinschlüssel
3. Sopranschlüssel
4. Mezzosopranschlüssel
5. Altschlüssel
6. Tenorschlüssel
7. Baritonschlüssel (sehr selten)
8. Baritonschlüssel
9. Baßschlüssel
10. Subbaßschlüssel (selten)

Mit diesen Schlüsseln beschäftigt sich unsere Schule.

---

[1]) Nach Th. Kroyer, Der vollkommene Partiturspieler. Breitkopf u. Härtel 1930.

Die alte Notierung stellte diese Schlüssel zu verschiedenen Kombinationen zusammen, wodurch das Lesen der alten a-cappella-Partituren überaus erschwert ist. Die Verwendung dieser vielen Schlüssel begrenzte die Notierung sowohl der Singstimmen, als auch des Kirchentones auf das Liniensystem selbst, wodurch die Anwendung von Hilfslinien in der alten Choralschrift vermieden wurde.

Die Mensuralisten (13. bis 16. Jahrhundert) unterschieden Normalschlüssel – Chiaven, und Transpositionsschlüssel – Chiavetten. Zu den ersteren gehören Sopran-, Alt-, Tenor- und Baßschlüssel, die in der a-cappella-Musik des 16. Jahrhunderts unter dem Namen „Die vier Singschlüssel" geführt wurden, zur zweiten Gruppe alle übrigen, die in den verschiedensten Gruppierungen und Kombinationen mit den Normalschlüsseln auftreten können. Sie verfolgten den Zweck, daß bei Transpositionen in höhere oder tiefere, dem jeweiligen Chor gemäßere Lagen das gleiche Notenbild unter Beachtung entsprechender Vorzeichen beibehalten werden konnte.

Die Unterscheidung in „alte" und „moderne" Schlüssel, wie man sie heute vorzunehmen pflegt, entspricht nicht der geschichtlichen Tatsache, da der Gebrauch des C- und F-Schlüssels bis in das 10. Jahrhundert, die Zeit der Entstehung der Notenlinien, der des G-Schlüssels bis in das 13. Jahrhundert zurückreicht. Da sich aber seit etwa 200 Jahren der ausschließliche Gebrauch des Violin- und Baßschlüssels in der Klaviermusik eingebürgert hat, wollen wir diese Bezeichnung beibehalten.

Das Verhältnis der verschiedenen Stellungen des C-Schlüssels zu Violin- und Baßschlüssel noch einmal zu veranschaulichen, möge nachstehende Darstellung dienen:

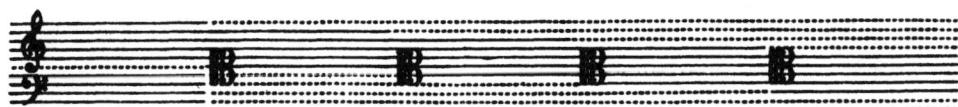

Der C-Schlüssel steht immer auf der gleichen Linie, nämlich auf der Verlängerung der Hilfslinie, die sowohl vom Violin- als auch vom Baßschlüssel aus gesehen als Eingestrichene-C-Linie zu erkennen ist. Durch die dargestellte Veränderung des Liniensystems hat man den Eindruck, als wandere der C-Schlüssel nach oben. Die Linie, auf der der C-Schlüssel in allen seinen Stellungen steht, ist aber stets die gleiche Linie des eingestrichenen C, lediglich das Liniensystem senkt sich mehr und mehr zum System des Baßschlüssels hinab. Auch bei abweichenden Arten des Liniensystems, wie z. B. im Gregorianischen Choral, der gewöhnlich vier oder auch nur drei Linien benutzte, kennzeichnet der C-Schlüssel stets das eingestrichene C.

Z. B. [Notenbeispiel] oder [Notenbeispiel]

Als Anleitung zum Spielen des praktischen Teiles der Schule möge folgenden Punkten besondere Beachtung geschenkt werden:

1. Die Noten des C-Schlüssels, insbesondere die des Sopran-, Alt- und Tenorschlüssels müssen absolut gelesen werden, d. h. also mit der gleichen Selbstverständlichkeit, mit der man die Noten im Violin- oder Baßschlüssel zu lesen gewohnt ist. Zu diesem Zweck sind die Noten dieser C-Schlüssel zu Beginn der jeweiligen Abteilungen in Umschrift in Violin- und Baßschlüssel wiedergegeben.

2. Die Noten der Übungen sollen zuerst gelesen werden, bevor man mit dem Spielen beginnt; in drei- und mehrstimmigen Sätzen akkordweise von unten nach oben. Nur so erreicht man eine absolute Beherrschung des Notenbildes.

3. Die Übungsstücke sind sauber in dem ihrem Charakter jeweils entsprechenden Tempo ohne Stocken vorzutragen.

4. Bei Stimmkreuzungen übernimmt die rechte Hand die höhere, die linke Hand die tiefere Stimme. Dadurch soll die Unabhängigkeit der Hände vom Notenbild gefördert werden, was später für das Spielen der Orchesterpartituren von größter Bedeutung ist.

5. Bei den drei- und mehrstimmigen Übungen werden die Stimmen derart auf die Hände verteilt, daß sie möglichst bequem zu greifen sind, denn flüssiges Spiel ist eine Grundbedingung jeden Partiturspiels. Stimmkreuzungen, auch in den Mittelstimmen, sind entsprechend der Regel zu behandeln.

6. Die am Ende eines jeden Beispiels angeführten Umschlüsselungen dienen zur Bereicherung des praktischen Übungsteiles. Man denke sich die vorgeschlagenen Schlüsselkombinationen mitsamt der angegebenen Vorzeichen an den Anfang des davorstehenden Stückes gesetzt und lese und spiele die Noten unter Beachtung der geänderten Schlüssel und Vorzeichen. Das Notenbild bleibt somit unverändert, die Versetzungszeichen sind entsprechend zu verändern. Man greife aber auf diese Transpositionsübungen immer erst zurück, wenn man bis zur entsprechenden Abteilung vorgedrungen ist; die Schlüsselkombinationen unter dem Signum „e" spiele man erst nach der Abteilung „e" u.s.f. Es wird im Text auf das jeweils fällige Zurückblättern hingewiesen.

Nach vollständiger Durcharbeitung vorliegender Beispielsammlung vervollkommne man die Sicherheit im Vom-Blatt-Spiel der Alten Schlüssel durch ständige Widerholungen auch außerhalb der angegebenen Reihenfolge.

Praktische Übungsbeispiele

Man übe sich, die Beispiele zuerst sorgfältig zu lesen, ehe man sie am Klavier wiedergibt. Das Lesen geschieht – vor allem im drei- und mehrstimmigen Satz – am förderlichsten von unten nach oben.

I Zweistimmig

a) Übungen mit dem Sopranschlüssel

Sopranschlüssel

Umschrift im Violinschlüssel

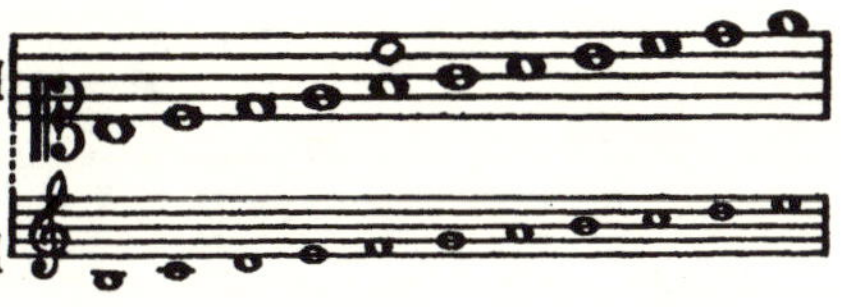

Josquin des Près
(um 1450 – 1521)

1

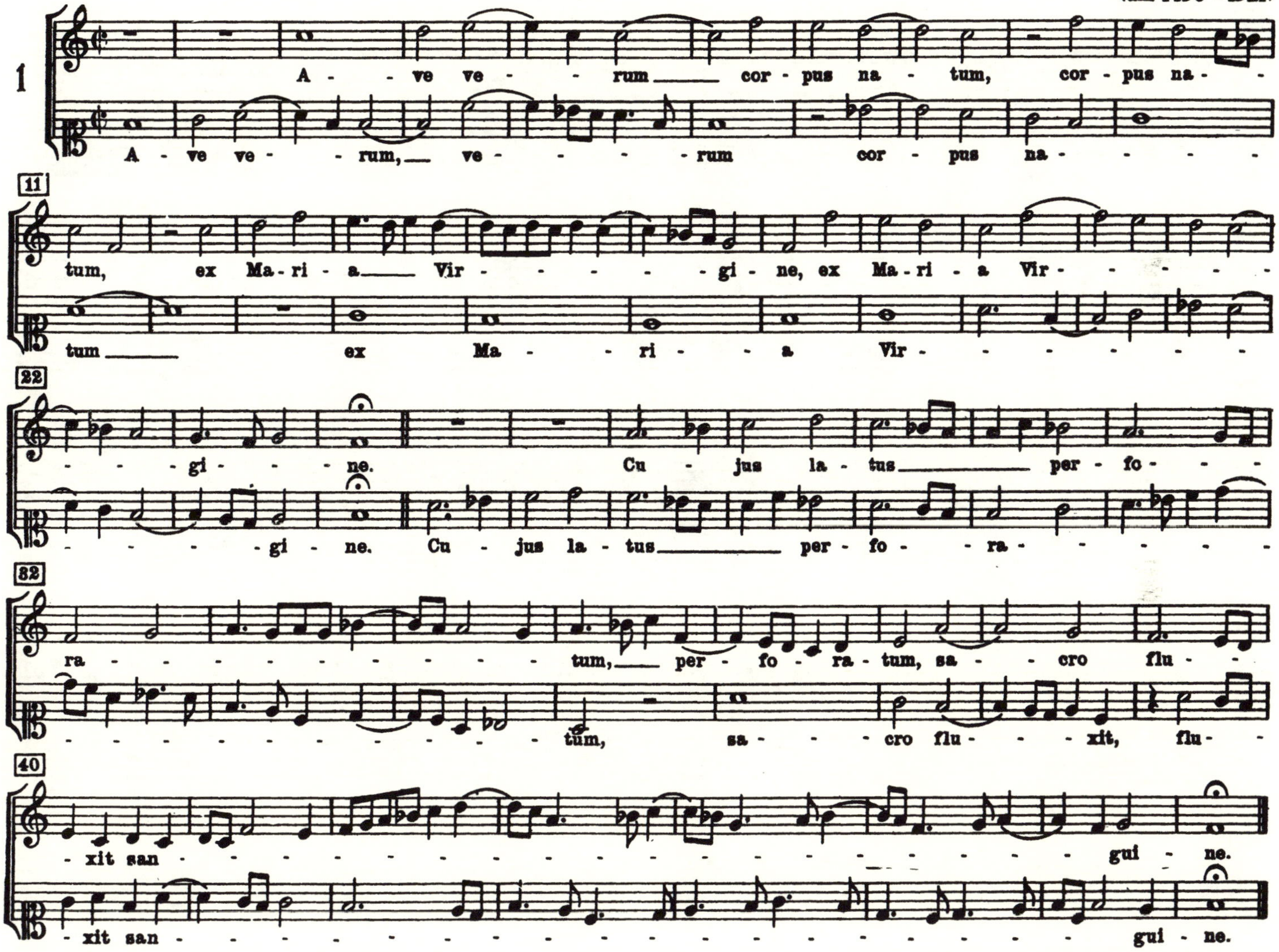

Aus der Motette: Ave verum

Vorstehendes Beispiel ist später dh. nach Studium der unter *e*, *h* und *i* angeführten Abteilungen noch in folgenden Kombinationen zu spielen.

♮♭-Vorzeichen werden vor Kreuzen zu Auflösungszeichen, desgleichen Kreuze vor ♭-Vorzeichen etc.

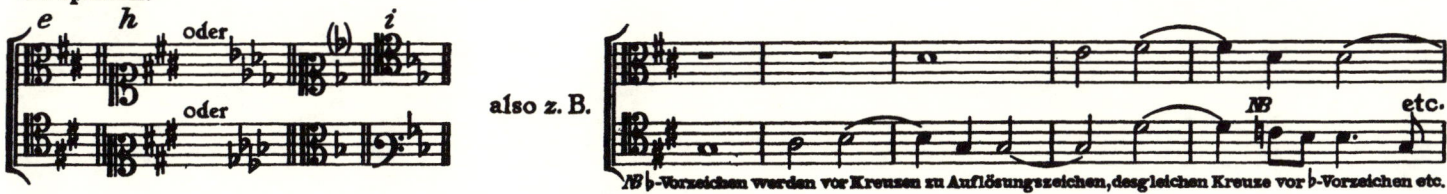

Man greife jedoch auf die Übung unter *e* erst nach Beispiel Nr. 16 zurück; *h* und *i* gelten als Vorübungen zu der Abteilung »Chiavetten«, sind also erst nach Nr. 83 zu behandeln.

Die eigenartig anmutenden Querstände in folgendem und in späteren Beispielen sind ein Charakteristikum jener Zeit.

Johannes Schultz
(1582 – 1653)

Aus: „Musikalischer Lustgarten" 1622 (Fuga)

NB. Die alte Schreibweise des Übergreifens in das andere System wurde hier und in den folgenden Beispielen zu Übungszwecken beibehalten.

Aus: „Die wohlklingende Fingersprache" Hamburg 1735 (handschriftlich)

b) Übungen mit dem Altschlüssel

Altschlüssel

Umschrift in Violin-
und Baßschlüssel

Josquin des Près
(um 1450–1521)

6 Qui tol-lis pec-ca-ta___ mun-
Qui tol-lis pec-ca-ta___ mun-di, mi-

di, mi-se-re-re no-
se-re-re no-

-bis. Qui tol-lis pec-ca-
-bis. Qui tol-lis pec-ca-ta___ mun-

-ta mun-di, su-sci-pe de-pre-ca-ti-o-nem no-
-di, su-sci-pe de-pre-ca-ti-o-

-nem no- stram.
stram.

Aus: Missa L'ami Baudichon

Die Kombination unter *b* kann sofort geübt werden, die unter *f* erst nach Nr. 18; Kombination *k* dient hingegen wieder der Vorbereitung zur Abteilung *k*, also nach Nr. 83. So auch im folgenden.

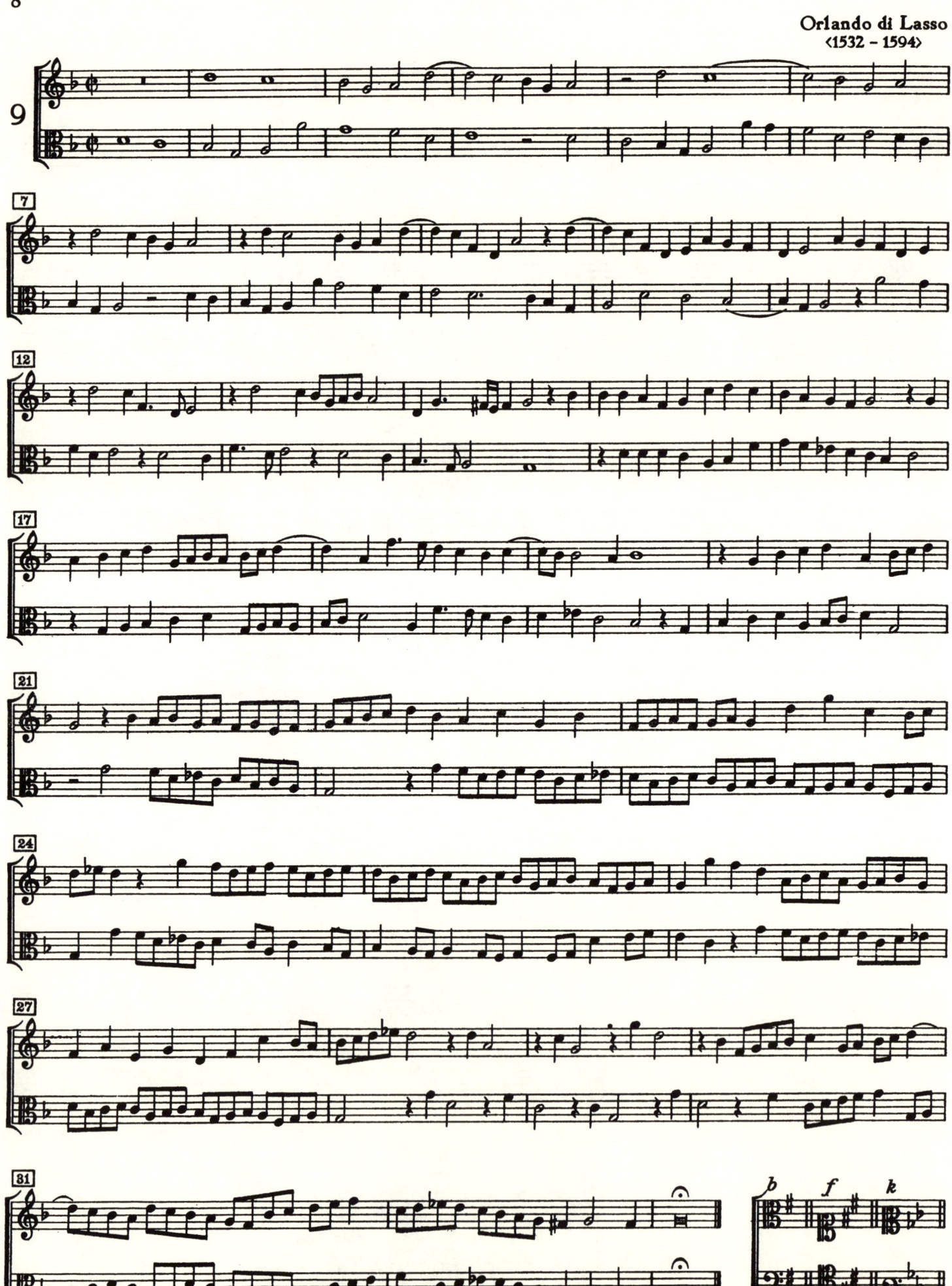

Orlando di Lasso
⟨1532 – 1594⟩

Aus: Cantiones sine textu

c) Übungen mit dem Sopran- und Altschlüssel

Ludwig Senfl
⟨um 1492 – ca 1555⟩

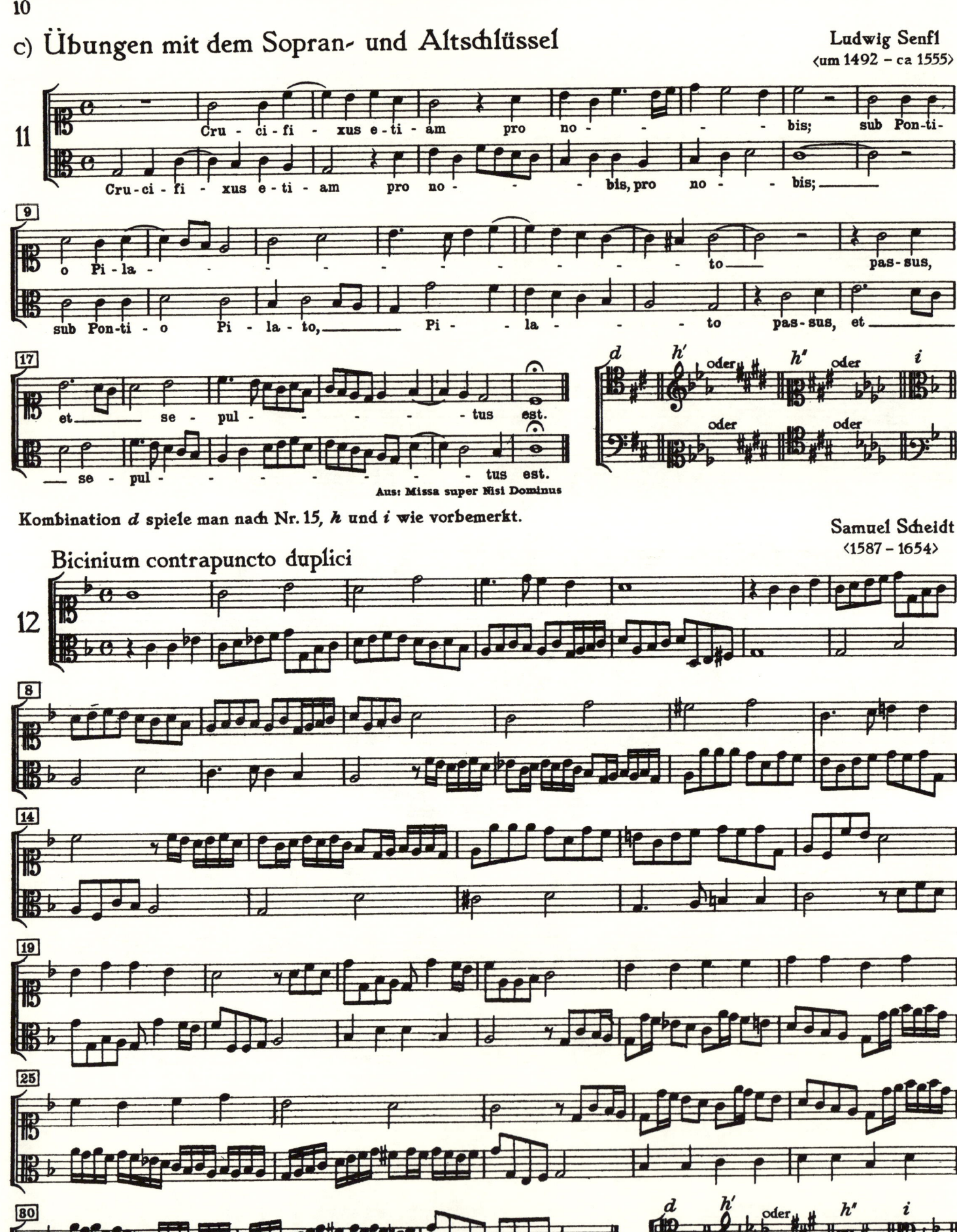

Aus: Missa super Nisi Dominus

Kombination *d* spiele man nach Nr. 15, *h* und *i* wie vorbemerkt.

Samuel Scheidt
⟨1587 – 1654⟩

Bicinium contrapuncto duplici

Aus: Tabulatura Nova

d) Übungen mit dem Tenorschlüssel

Auch die Kombination c ist, da sie einer bereits behandelten Abteilung angehört, an dieser Stelle zu üben.

e) Übungen mit dem Alt- und Tenorschlüssel

Orlando di Lasso
⟨1532–1594⟩

16

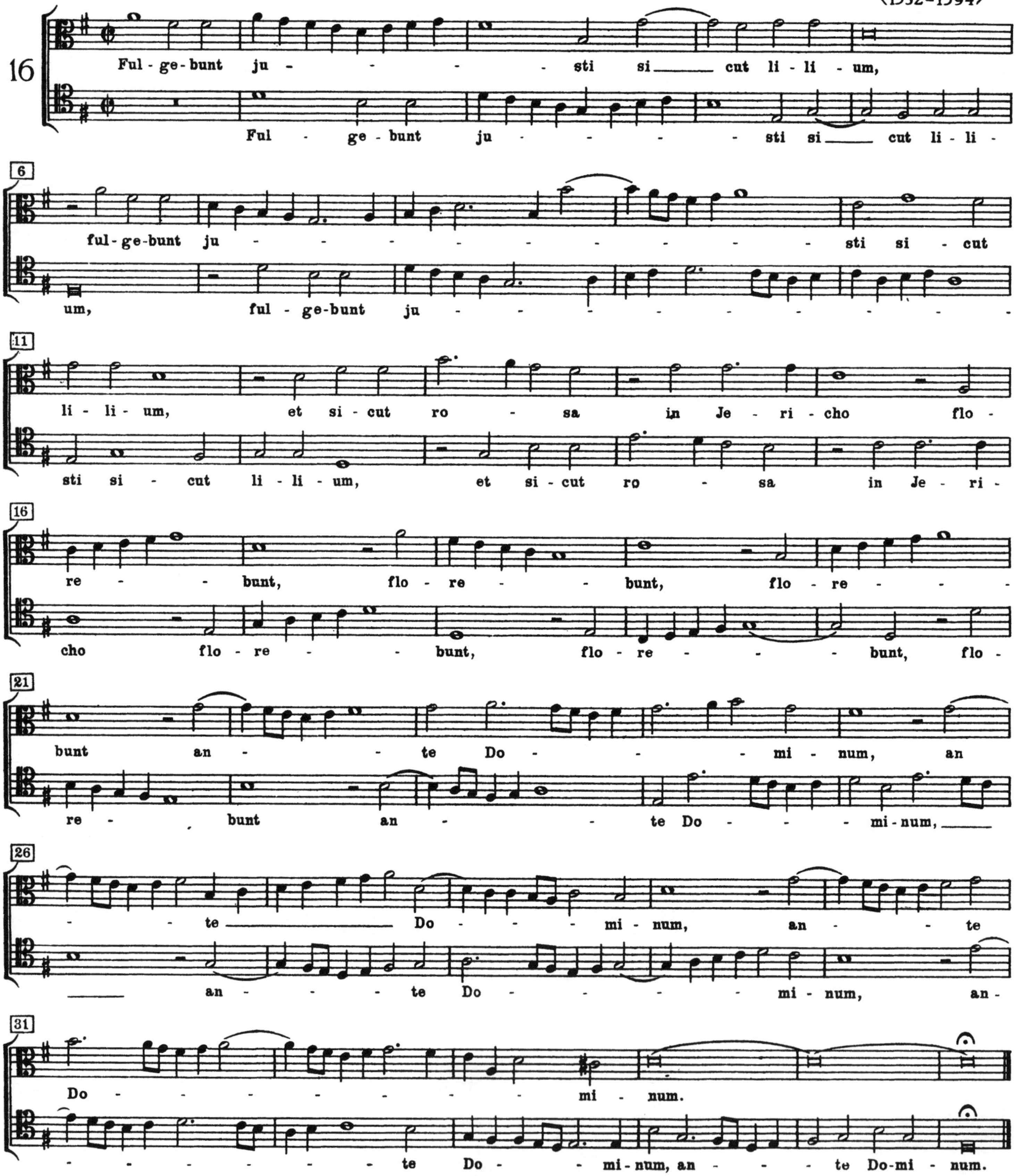
Ful - ge - bunt ju - - - - - sti si cut li - li - um,
Ful - ge - bunt ju - - - - - sti si cut li - li -
6
ful - ge - bunt ju - - - - - - - - - - - - - sti si - cut
um, ful - ge - bunt ju - - - - - - - - - - - -
11
li - li - um, et si - cut ro - sa in Je - ri - cho flo -
sti si - cut li - li - um, et si - cut ro - sa in Je - ri -
16
re - - bunt, flo - re - - bunt, flo - re - - -
cho flo - re - - bunt, flo - re - - - - bunt, flo -
21
bunt an - te Do - - - mi - num, an
re - bunt an - te Do - - - mi - num,
26
- - te Do - - - mi - num, an - - te
an - - - te Do - - - - - mi - num, an -
31
Do - - - - - - - - - mi - num.
- - - - - - - te Do - - mi - num, an - - - te Do - mi - num.

Aus: Cantiones duarum vocum

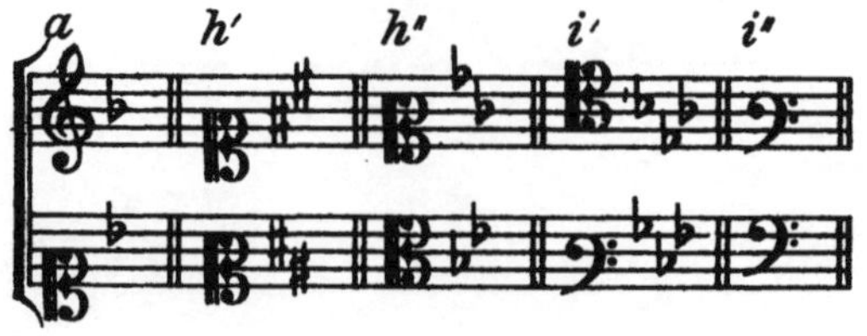
a
h′
h″
i′
i″

Die Kombination unter *a* studiere man sofort; außerdem greife man zurück auf die *e*-Kombinationen unter Nr. 1 und 2

f) Übungen mit dem Sopran- und Tenorschlüssel

Josquin des Près
⟨um 1450–1521⟩

Aus: Missa Malheur me bat

II Dreistimmig

Mit dem dreistimmigen Satz beginnt das eigentliche Partiturspielstudium. Die Mittelstimme wird teils von der rechten, teils von der linken Hand übernommen, je nach der Lage. Es ist wichtig, sich gleich im Anfang an bequemes Greifen und glattes Spiel zu gewöhnen, da sich mit Anwachsen des mehrstimmigen Satzes die Griffschwierigkeiten fortlaufend steigern.

a) Übungen mit dem Sopranschlüssel

Aus: Scherzi musicali a tre voci, 1607

Unter *l* findet man den Französischen Violinschlüssel, unter *m* den Subbaßschlüssel angegeben. Diese Schlüssel mögen am Schluß der Schule durchgearbeitet werden. (Vergl. das hierüber zu Beginn der Abteilung »Chiavetten« Gesagte S. 111)

Adam Gumpelzhaimer
‹1559-1625›

21

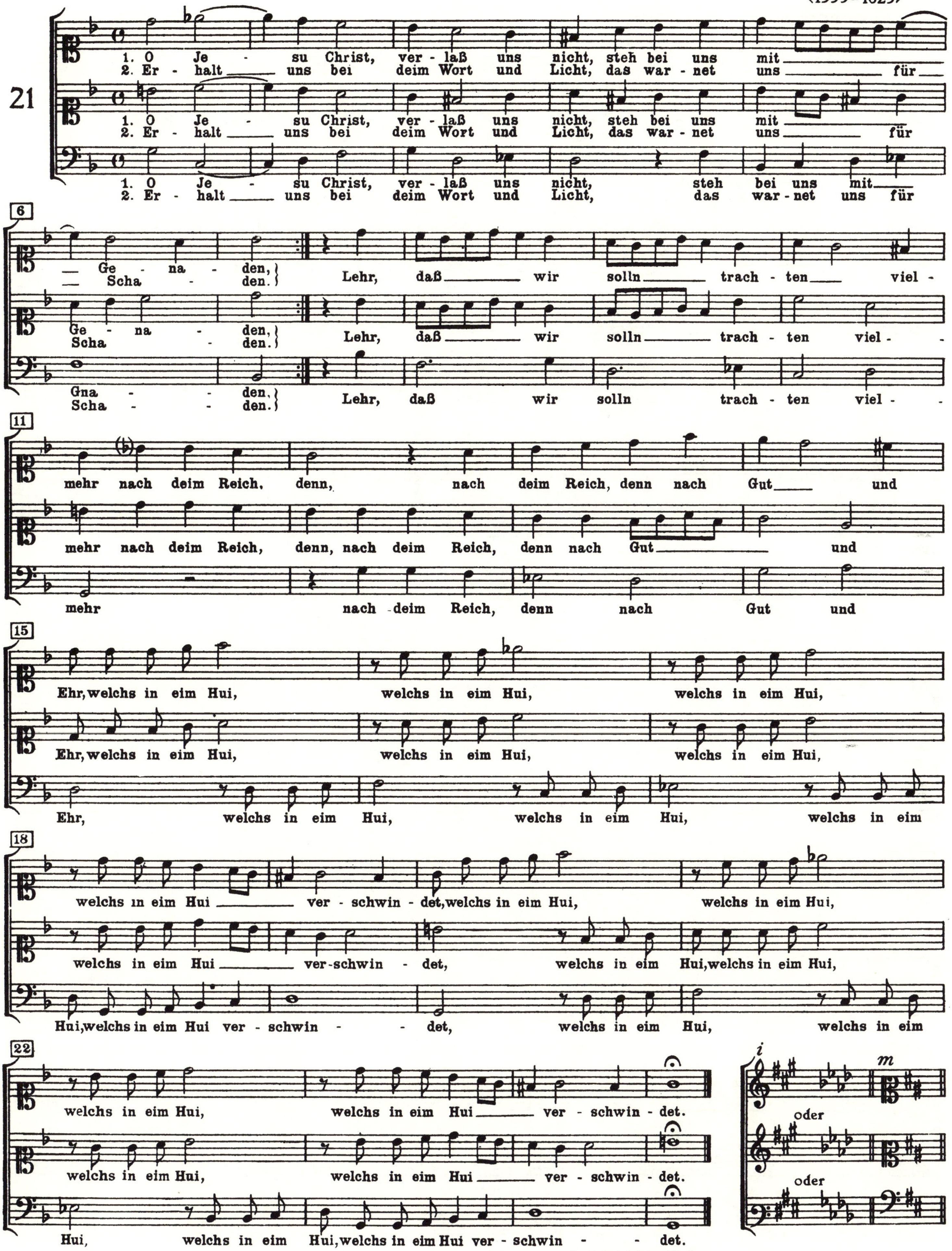
1. O Je - su Christ, ver - laß uns nicht, steh bei uns mit Ge - na - den,
2. Er - halt uns bei deim Wort und Licht, das war - net uns für Scha - den.
1. O Je - su Christ, ver - laß uns nicht, steh bei uns mit Ge - na - den,
2. Er - halt uns bei deim Wort und Licht, das war - net uns für Scha - den.
1. O Je - su Christ, ver - laß uns nicht, steh bei uns mit Gna - den,
2. Er - halt uns bei deim Wort und Licht, das war - net uns für Scha - den.
Lehr, daß wir solln trach - ten viel - mehr nach deim Reich, denn, nach deim Reich, denn nach Gut und Ehr, welchs in eim Hui, welchs in eim Hui, welchs in eim Hui, welchs in eim Hui ver - schwin - det, welchs in eim Hui, welchs in eim Hui, welchs in eim Hui, welchs in eim Hui ver - schwin - det.
Lehr, daß wir solln trach - ten viel - mehr nach deim Reich, denn, nach deim Reich, denn nach Gut und Ehr, welchs in eim Hui, welchs in eim Hui, welchs in eim Hui, welchs in eim Hui ver-schwin - det, welchs in eim Hui, welchs in eim Hui, welchs in eim Hui, welchs in eim Hui ver - schwin - det.
Lehr, daß wir solln trach - ten viel - mehr nach deim Reich, denn nach Gut und Ehr, welchs in eim Hui, welchs in eim Hui, welchs in eim Hui, welchs in eim Hui ver - schwin - det, welchs in eim Hui, welchs in eim Hui, welchs in eim Hui, welchs in eim Hui ver - schwin - det.
i
m
oder
oder

Aus. Geistliche Lieder.
Denkmäler der Tonkunst in Bayern X. Jhrg. II. Bd.

b) Übungen mit dem Altschlüssel

Pour entretenir mes amours

Antoine Busnoys
⟨um 1467–1492⟩

Aus: Glogauer Liederbuch (Nr. 271)

c) Übungen mit dem Sopran- und Altschlüssel

Mit deiner Zucht ⟨Madrigal⟩

Johannes Schultz
⟨1582–1653⟩

1) Der Text dieser Stimme wird bei Wiederholung des ersten Teiles gesungen.

Aus: Missa prima (Lauda Sion)

Aus: Missa tertia (O magnum mysterium)

d) Übungen mit dem Tenorschlüssel

Der ratten schwanz ⟨1. Teil⟩

⟨3. Teil⟩

Aus: Glogauer Liederbuch

Ludwig Senfl
(um 1492–1555)

Aus: VII. Missa super „Per signum Crucis"

Ma bouche rit

Joh. Ockeghem
(um 1430–1495)

Aus: Glogauer Liederbuch

Man greife zurück auf die d-Kombinationen unter Nr. 27 und 28

e) Übungen mit dem Alt- und Tenorschlüssel

A. Busnoys
⟨um 1467–1492⟩

Cent mille escus

Aus: Glogauer Liederbuch

Aus: Teutsche geistliche Psalmen

Man greife zurück auf die *f*-Kombination unter Nr. 23.

g) Übungen mit dem Sopran-, Alt- und Tenorschlüssel

Antonio Lotti
⟨um 1667–1740⟩

Aus: Missa VI

Bei den folgenden dreistimmigen Übungen bis Nr. 46 werden die Transpositionsschlüssel nicht mehr besonders angegeben, sie bleiben die gleichen wie unter Nr. 41. Man überlege bei jedem Beispiel die notwendigen Vorzeichen. Folgendes Schema soll diese Überlegungen erleichtern:

Die Transposition um eine Terz nach oben ergibt 3♭ oder 4♯,
um eine Terz nach unten ergibt 3♯ oder 4♭,
um eine Quinte nach oben ergibt 1♯,
um eine Quinte nach unten ergibt 1♭,
um eine Septime nach oben ergibt 2♭,
um eine Septime nach unten ergibt 2♯, u.s.f.

Aus: Missa Tertia (Jesu nostra redemptio)

G. P. da Palestrina

Aus: Missa Quarta

III. Vierstimmig

Die folgenden vierstimmigen Sätze bilden den Hauptteil dieser Schule. Im Prinzip sollen Sopran und Alt mit der rechten, Tenor und Baß mit der linken Hand gespielt werden. Bei Überschneidungen der Mittelstimmen soll aber jeweils die höhere rechts und die tiefere Stimme links gegriffen werden, um die Unabhängigkeit der Hände vom Notenbild zu fördern. Das vorbereitende Lesen von unten nach oben ist in diesen Stücken besonders dienlich.

Aus: Hymnen (Salvate floras)

Die hier angeführten Schlüsselstellungen bleiben ebenfalls für die folgenden Nummern bis einschließlich Nr. 67 bestehen. Die unter *k* angegebenen „Hoch-Chiavetten" bilden einen wesentlichen Teil unserer Übungen, die man nicht außer acht lassen darf, da gerade diese Schlüsselkombination in der alten Chormusik häufiger als die Normalschlüsselstellung vorkommt. Man spiele sie jedoch erst, wenn man den Teil 4, Chiavetten, in Angriff genommen hat, also nach Nr. 87. Die unter *l* und *m* — letztere sind bekannt unter der Bezeichnung „Tief-Chiavetten" — gezeigten Kombinationen bilden für den Befähigteren ausgezeichnete Transpositionsübungen, mögen aber erst nach Beendigung der Schule vorgenommen werden.

48

Kyrie

Antonio Lotti
(um 1667–1740)

Die Reihenfolge der folgenden Übungssätze dieser Abteilung kann unterbrochen werden, wenn man es für zweckdienlich erachtet, die von Nr. 55–64 abgedruckten Bach-Choräle früher zu erarbeiten, oder sie abwechselnd mit den folgenden Madrigalen und Instrumentalsätzen zu bringen.

Das teutsche Gloria in excelsis

Heinrich Schütz
(1585–1672)

Paduan — Paul Peuerl (Anfang des 17. Jahrh.)

Aus: Neue Paduanen, 1611 (Denkmäler der Tonkunst in Österreich, XXXVI. Jhrg.)

Melchior Franck
(um 1573–1639)

Aus: Ausgewählte Instrumentalwerke (Denkmäler deutscher Tonkunst, Bd. XVI)

Aus: Ausgewählte Instrumentalwerke (Denkmäler deutscher Tonkunst Bd. XVI)

J. S. Bach
‹1685–1750›

56

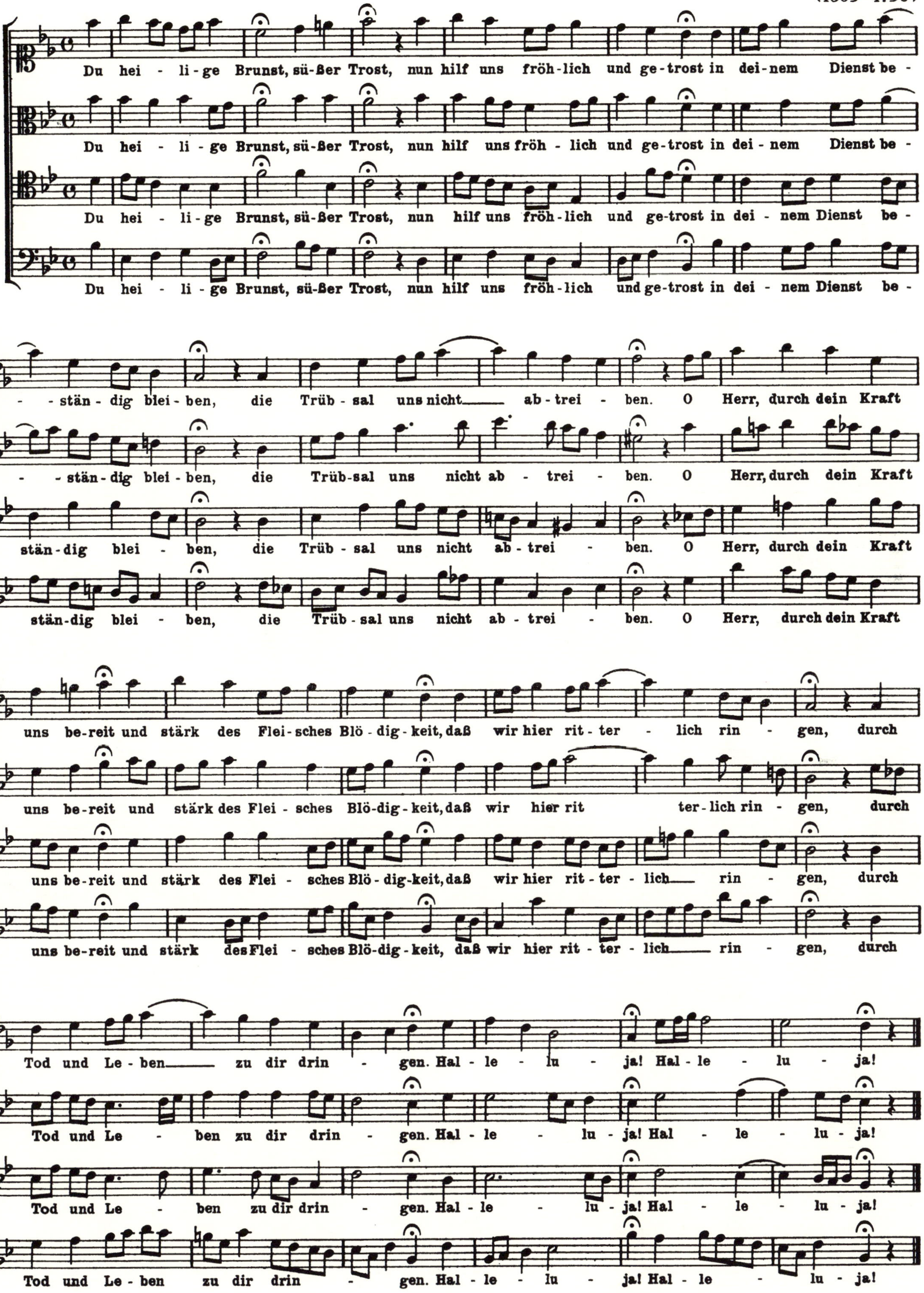
Du hei - li - ge Brunst, sü - ßer Trost, nun hilf uns fröh - lich und ge - trost in dei - nem Dienst be -
Du hei - li - ge Brunst, sü - ßer Trost, nun hilf uns fröh - lich und ge - trost in dei - nem Dienst be -
Du hei - li - ge Brunst, sü - ßer Trost, nun hilf uns fröh - lich und ge - trost in dei - nem Dienst be -
Du hei - li - ge Brunst, sü - ßer Trost, nun hilf uns fröh - lich und ge - trost in dei - nem Dienst be -
7
- stän - dig blei - ben, die Trüb - sal uns nicht ab - trei - ben. O Herr, durch dein Kraft
- stän - dig blei - ben, die Trüb - sal uns nicht ab - trei - ben. O Herr, durch dein Kraft
stän - dig blei - ben, die Trüb - sal uns nicht ab - trei - ben. O Herr, durch dein Kraft
stän - dig blei - ben, die Trüb - sal uns nicht ab - trei - ben. O Herr, durch dein Kraft
13
uns be - reit und stärk des Flei - sches Blö - dig - keit, daß wir hier rit - ter - lich rin - gen, durch
uns be - reit und stärk des Flei - sches Blö - dig - keit, daß wir hier rit ter - lich rin - gen, durch
uns be - reit und stärk des Flei - sches Blö - dig - keit, daß wir hier rit - ter - lich rin - gen, durch
uns be - reit und stärk des Flei - sches Blö - dig - keit, daß wir hier rit - ter - lich rin - gen, durch
19
Tod und Le - ben zu dir drin - gen. Hal - le - lu - ja! Hal - le - lu - ja!
Tod und Le - ben zu dir drin - gen. Hal - le - lu - ja! Hal - le - lu - ja!
Tod und Le - ben zu dir drin - gen. Hal - le - lu - ja! Hal - le - lu - ja!
Tod und Le - ben zu dir drin - gen. Hal - le - lu - ja! Hal - le - lu - ja!

Aus: Motette „Der Geist hilft unsrer Schwachheit auf"

Aus: Kantate 11

J. S. Bach
⟨1685–1750⟩

Edition Peters
11689

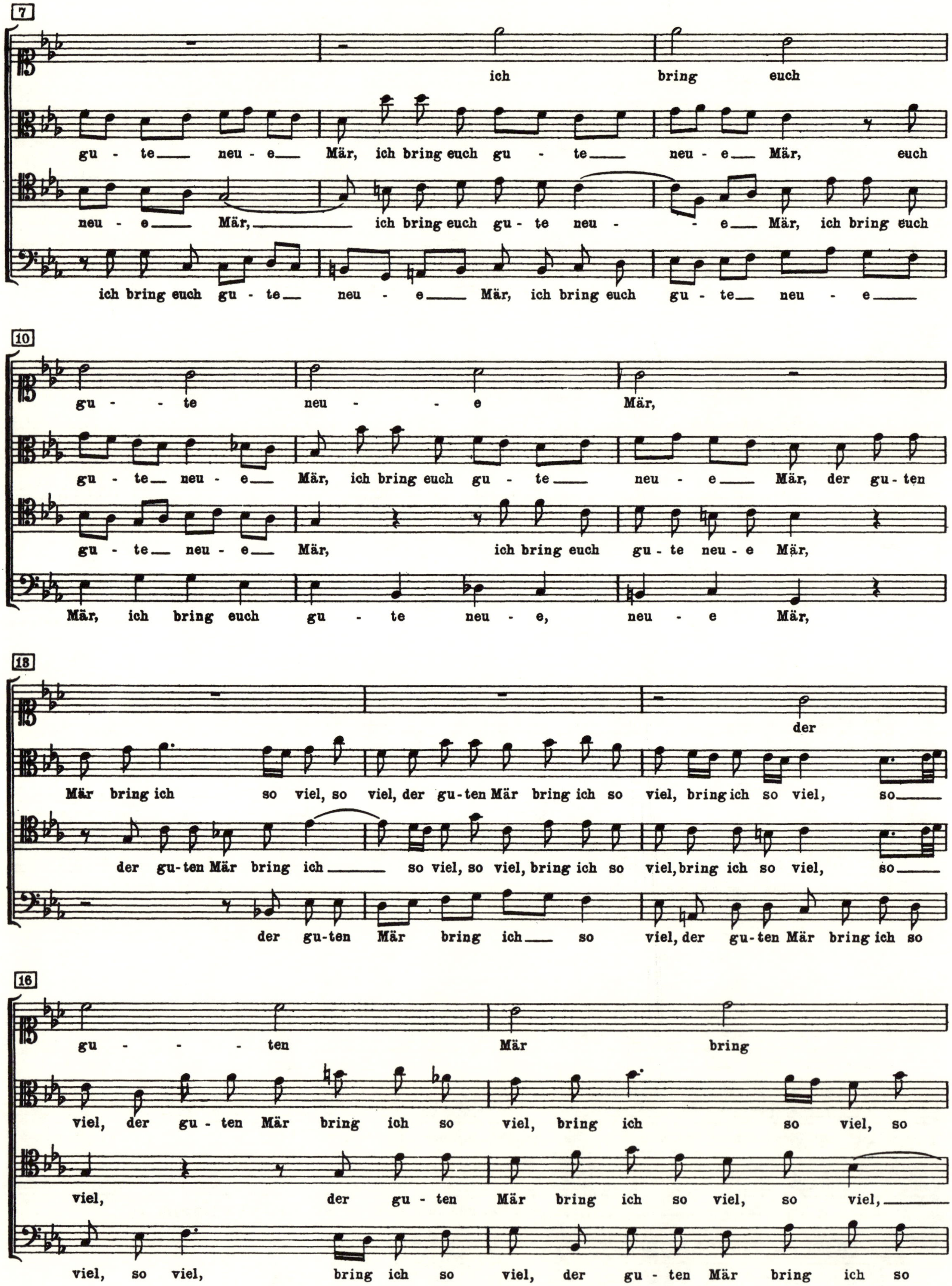
7
ich bring euch
gu - te neu - e Mär, ich bring euch gu - te neu - e Mär, euch
neu - e Mär, ich bring euch gu - te neu - - e Mär, ich bring euch
ich bring euch gu - te neu - e Mär, ich bring euch gu - te neu - e
10
gu - - te neu - - e Mär,
gu - te neu - e Mär, ich bring euch gu - te neu - e Mär, der gu - ten
gu - te neu - e Mär, ich bring euch gu - te neu - e Mär,
Mär, ich bring euch gu - te neu - e, neu - e Mär,
13
der
Mär bring ich so viel, so viel, der gu - ten Mär bring ich so viel, bring ich so viel, so
der gu - ten Mär bring ich so viel, so viel, bring ich so viel, bring ich so viel, so
der gu - ten Mär bring ich so viel, der gu - ten Mär bring ich so
16
gu - - - ten Mär bring
viel, der gu - ten Mär bring ich so viel, bring ich so viel, so
viel, der gu - ten Mär bring ich so viel, so viel,
viel, so viel, bring ich so viel, der gu - ten Mär bring ich so

Wir glauben all an einen Gott

J. S. Bach
(1685–1750)

63

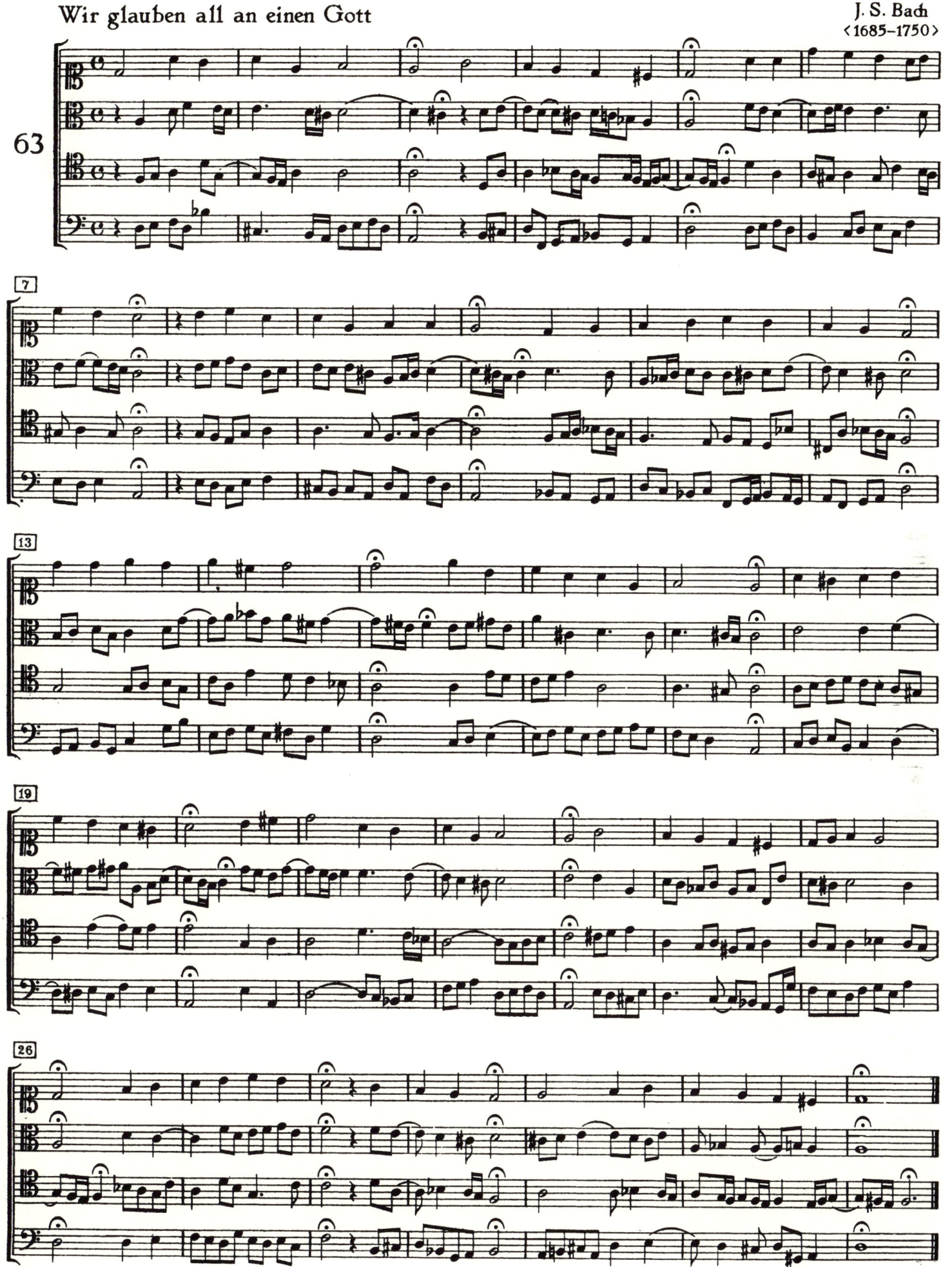

Aus: Choralbuch 1769

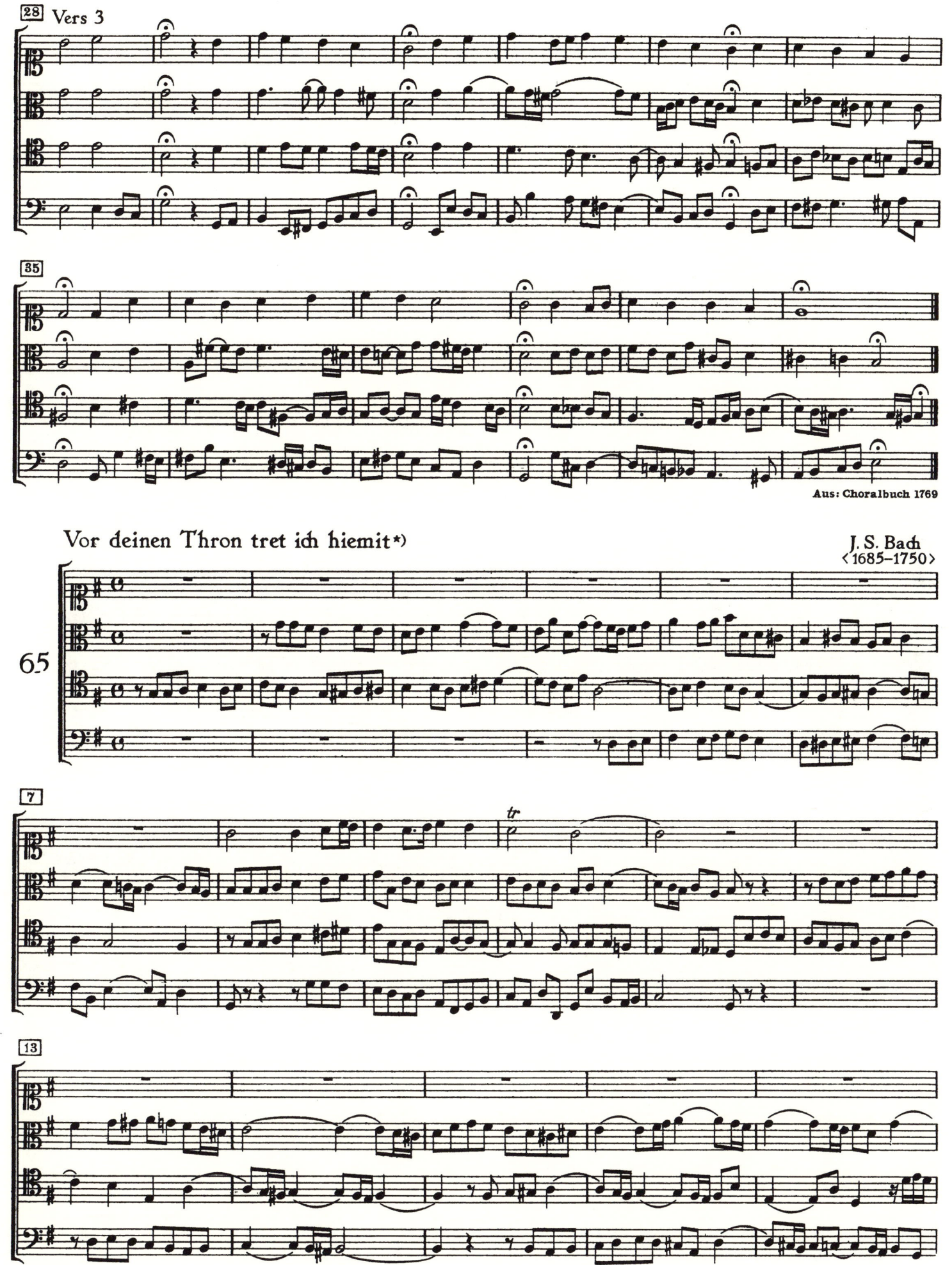

Vor deinen Thron tret ich hiemit*)   J. S. Bach ⟨1685–1750⟩

*) Letzte Orgel-Choralbearbeitung Bachs, die er während seiner Blindheit seinem Schwiegersohn Altnikol in die Feder diktierte.

Aus: Choralbuch 1787

Aus: Motette „Singet dem Herrn"

Originalnotation der IV. Variation der „Canonischen Veränderungen über das Weihnachtslied Vom Himmel hoch"... für Orgel

J. S. Bach
⟨1685 – 1750⟩

g^II) **Andere Schlüsselkombinationen**

Ludwig Senfl
(um 1492–1555)

Aus: II. Missa Dominicalis

Joh. Herm. Schein
⟨1586–1630⟩

Aus: Banchetto Musicale

85

Aus: Neue Paduanen, 1611 (Denkmäler der Tonkunst in Oesterreich XXXVI. Jhrg.)

G. P. da Palestrina
(1525 – 1594)

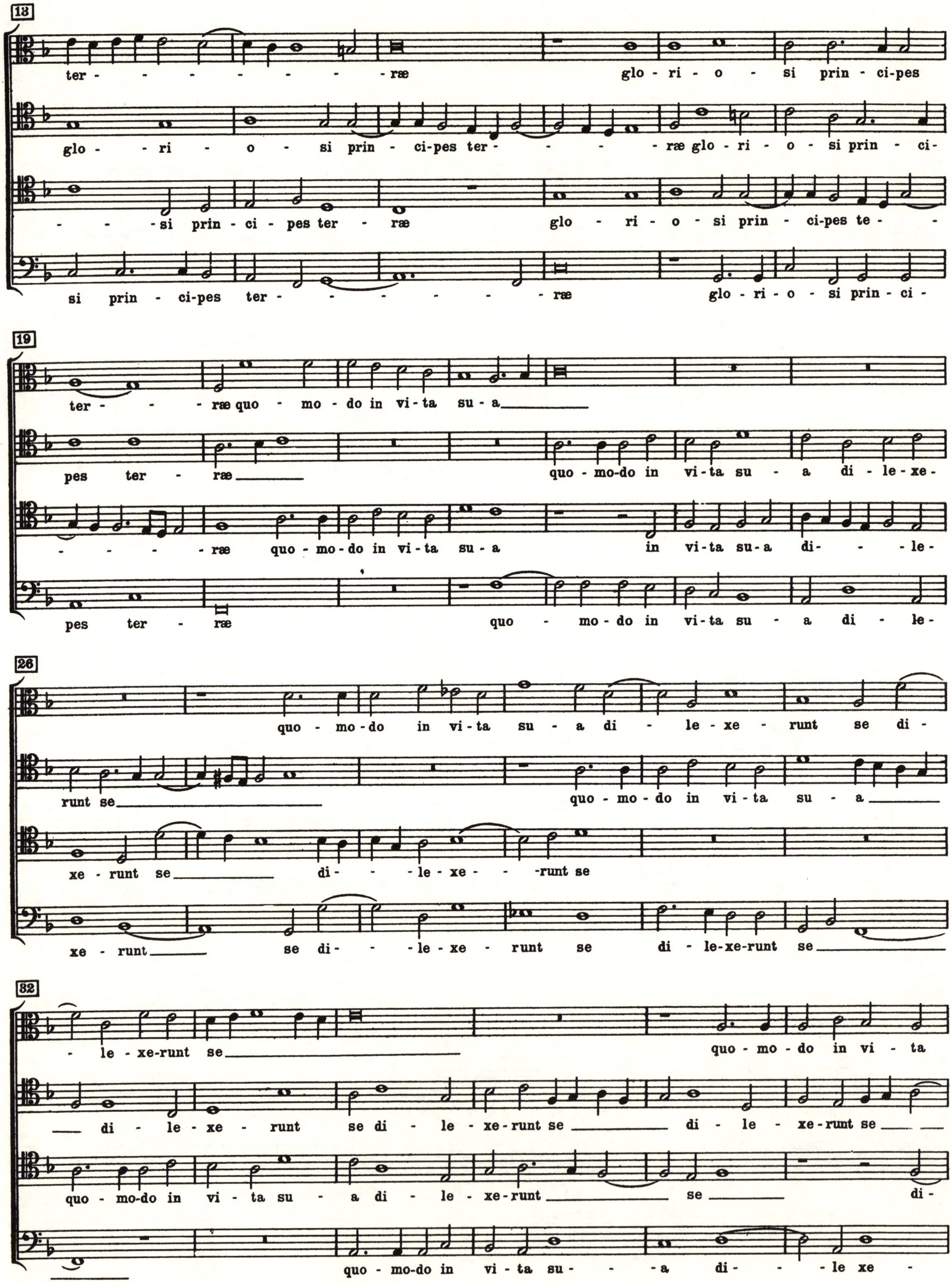
18
ter - - - - - - - - ræ glo - ri - o - si prin - ci-pes
glo - ri - o - si prin - ci-pes ter - - - - ræ glo - ri - o - si prin - ci-
- - si prin - ci - pes ter - ræ glo - ri - o - si prin - ci-pes te - -
si prin - ci-pes ter - - - - - - - ræ glo - ri - o - si prin - ci -
19
ter - - ræ quo - mo - do in vi - ta su - a
pes ter - ræ quo - mo-do in vi-ta su - a di - le - xe -
- - - - ræ quo - mo - do in vi - ta su - a in vi - ta su - a di - - - le -
pes ter - ræ quo - mo - do in vi - ta su - a di - le -
26
quo - mo - do in vi - ta su - a di - le - xe - runt se di -
runt se quo - mo - do in vi - ta su - a
xe - runt se di - - le - xe - -runt se
xe - runt se di - - le - xe - runt se di - le-xe-runt se
32
- le - xe-runt se quo - mo - do in vi - ta
di - le - xe - runt se di - le - xe-runt se di - le - xe-runt se
quo - mo-do in vi - ta su - a di - le - xe-runt se di -
quo - mo-do in vi - ta su - - a di - - le xe -

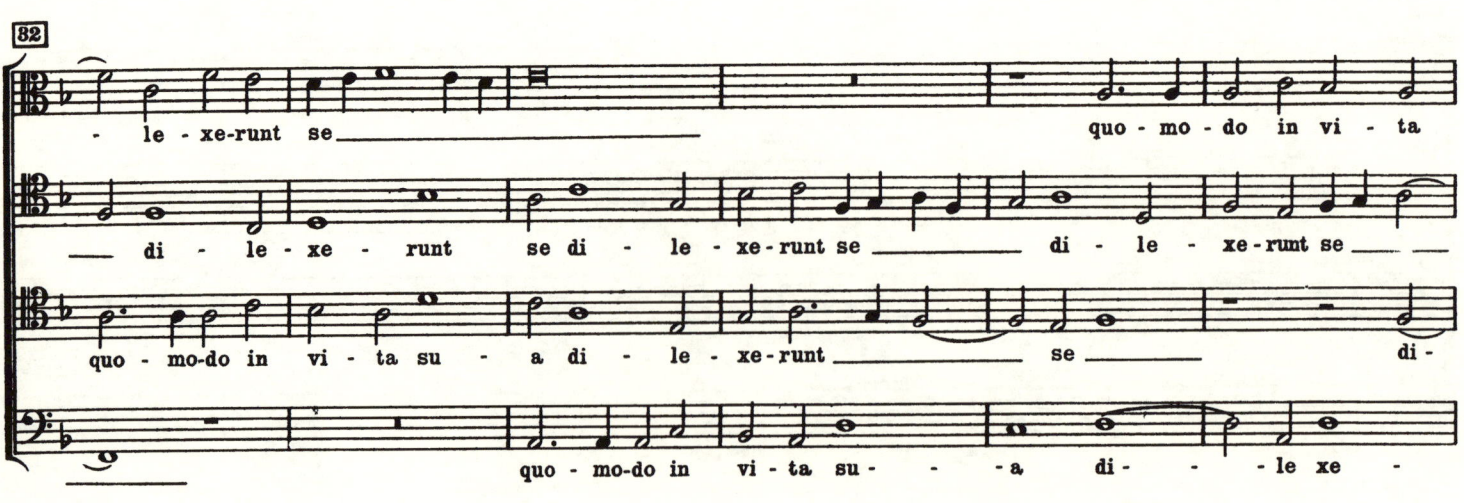

Aus: Motette „Jesu, meine Freude"

94

IV Fünfstimmig in verschiedenen Kombinationen

8
hin kein Falsch willst ü - ben, fort - hin kein Falsch willst ü - ben, fort - hin kein Falsch willst ü - ben, fort - hin kein Falsch willst
hin kein Falsch willst ü - ben, fort - hin kein Falsch willst ü - ben,
hin kein Falsch willst ü - ben, fort - hin kein Falsch willst ü - ben, fort - hin kein Falsch willst ü - ben, fort - hin kein Falsch willst
hin kein Falsch willst ü - ben, fort - hin kein Falsch willst ü - ben, fort - hin kein Falsch willst ü - ben, fort - hin kein Falsch willst
fort - hin kein Falsch willst ü - ben, fort - hin kein Falsch willst
15
ü - ben, fort - hin kein Falsch willst ü - - ben, und auch da - ne - - ben mich nicht mehr be - trü - ben,
fort - hin kein Falsch willst ü - - ben, und auch da - ne - ben mich nicht mehr be trü - - ben, und
ü - ben, fort - hin kein Falsch willst ü - - ben, und
ü ben, fort - hin kein Falsch willst ü - ben, und auch da - ne - - ben mich nicht mehr be - trü - ben,
ü - ben, fort - hin kein Falsch willst ü - - ben, und
23
mich nicht mehr be - trü - ben,
auch da - ne - ben mich nicht mehr be - trü - ben, mich nicht mehr be - trü - ben, mich nicht mehr be - trü - ben,
auch da - ne - ben mich nicht mehr be - trü - ben, mich nicht mehr be - trü - ben, mich nicht mehr be - trü - ben, so
mich nicht mehr be - trü - ben, mich nicht mehr be - trü - ben, so
auch da - ne - ben mich nicht mehr be - trü - ben, mich nicht mehr be - trü - ben, mich nicht mehr be - trü - ben, so

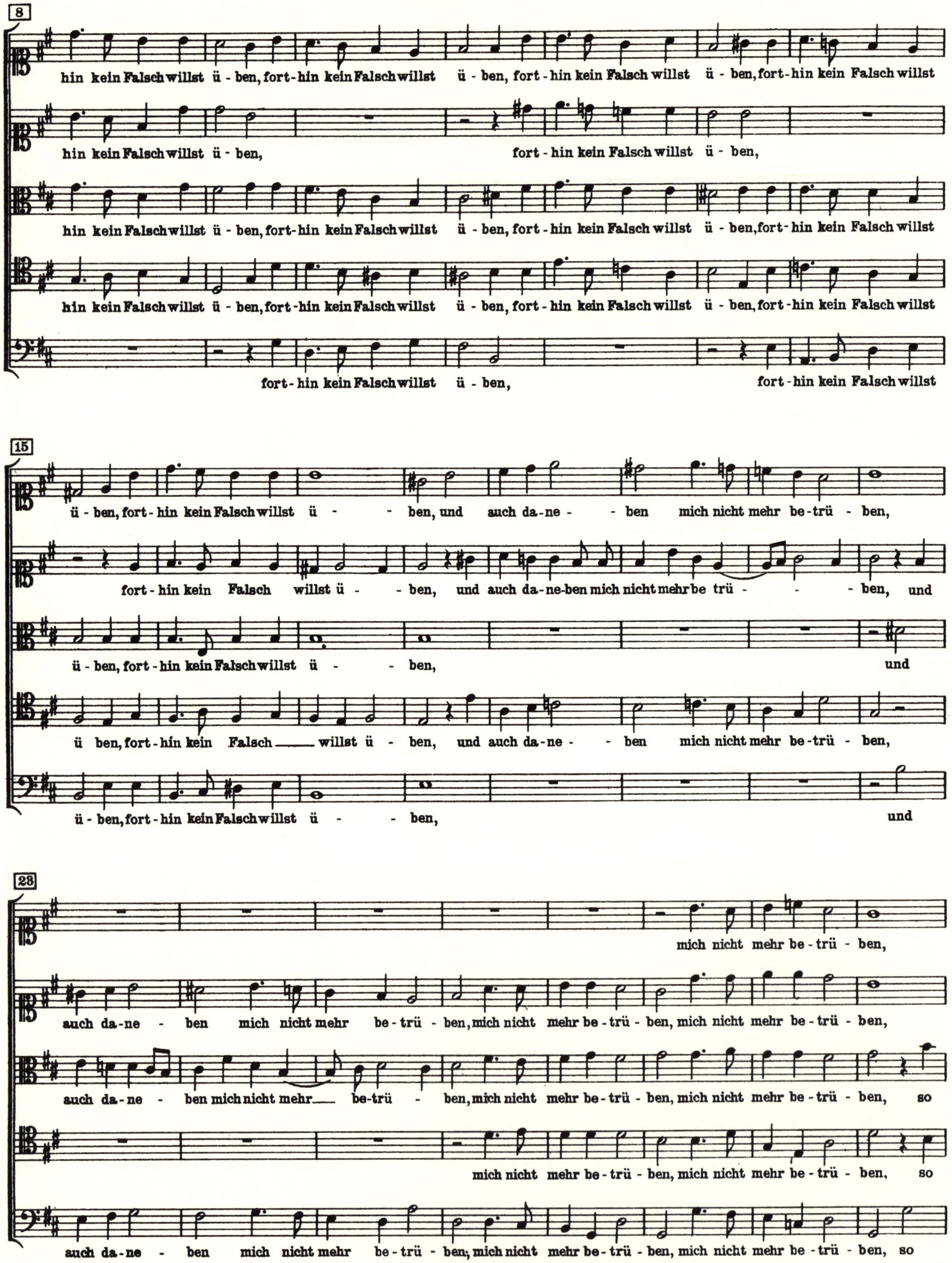

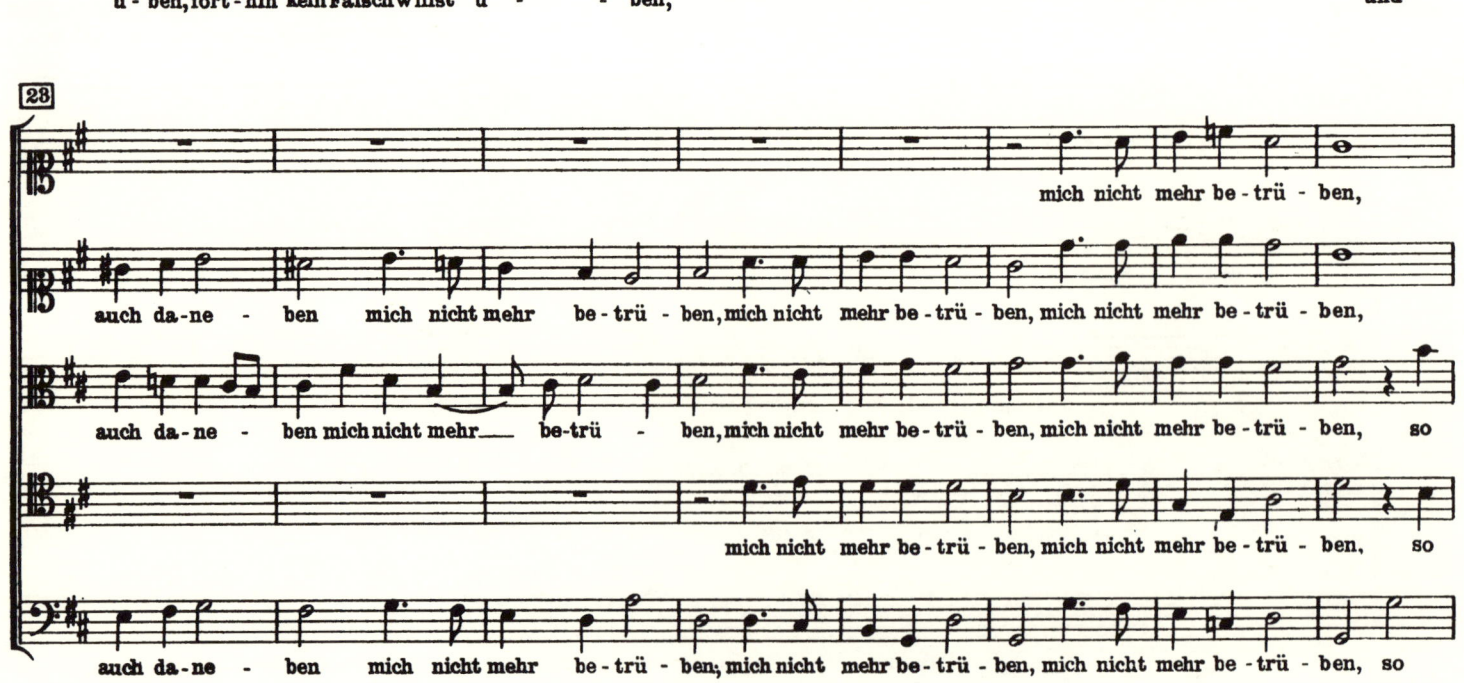

Aus: „Neue Teutsche Gesäng"
(Denkmäler der Tonkunst in Bayern II. Folge Bd. 6)

Aus: Motette „Jesu, meine Freude"

Chiavetten wie bei Nr. 78 ⟨Vorzeichen beachten!⟩

Isaac Posch

Gagliarda

Chiavetten wie vorher

Aus: Musikalische Tafelfreud, 1621
(Denkmäler der Tonkunst in Oesterreich XXXVI Jhrg.)

Madrigal

Claudio Monteverdi
<1567 – 1643>

81

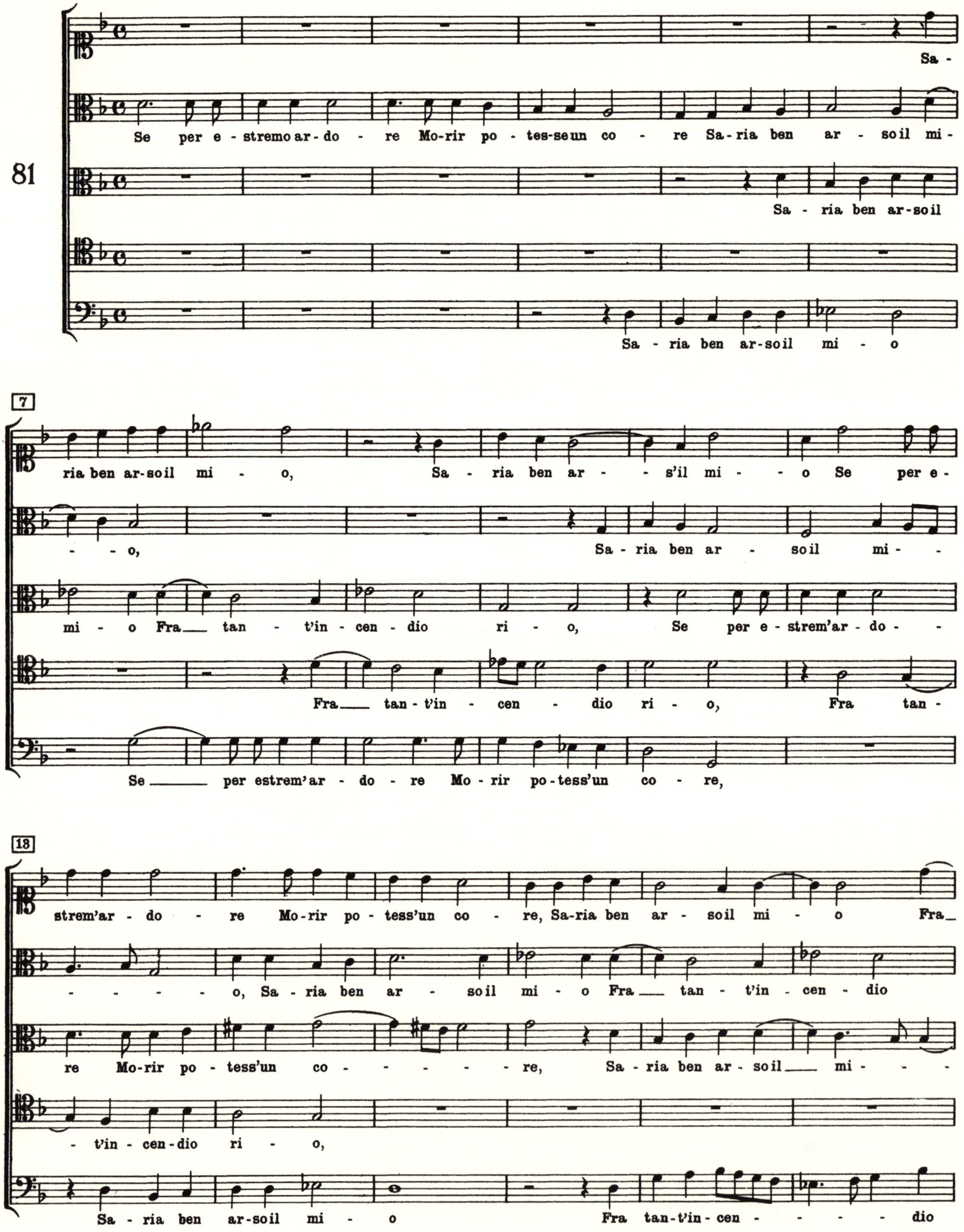

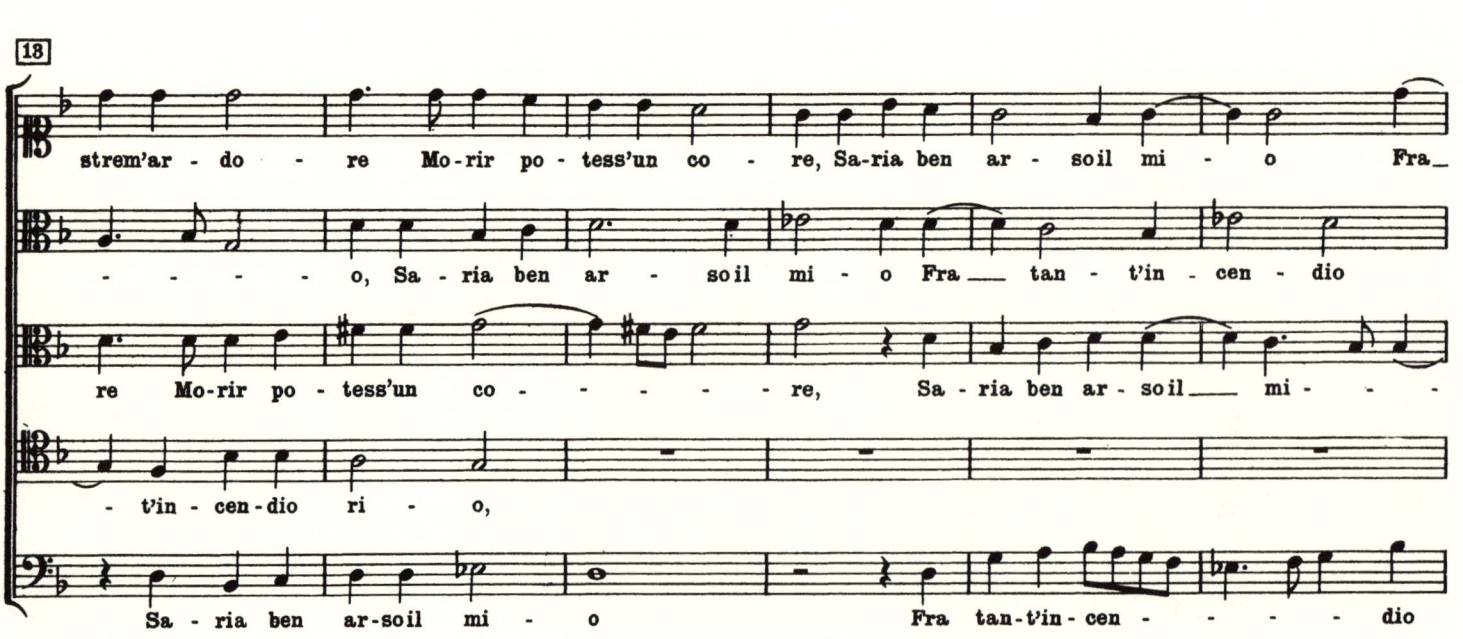

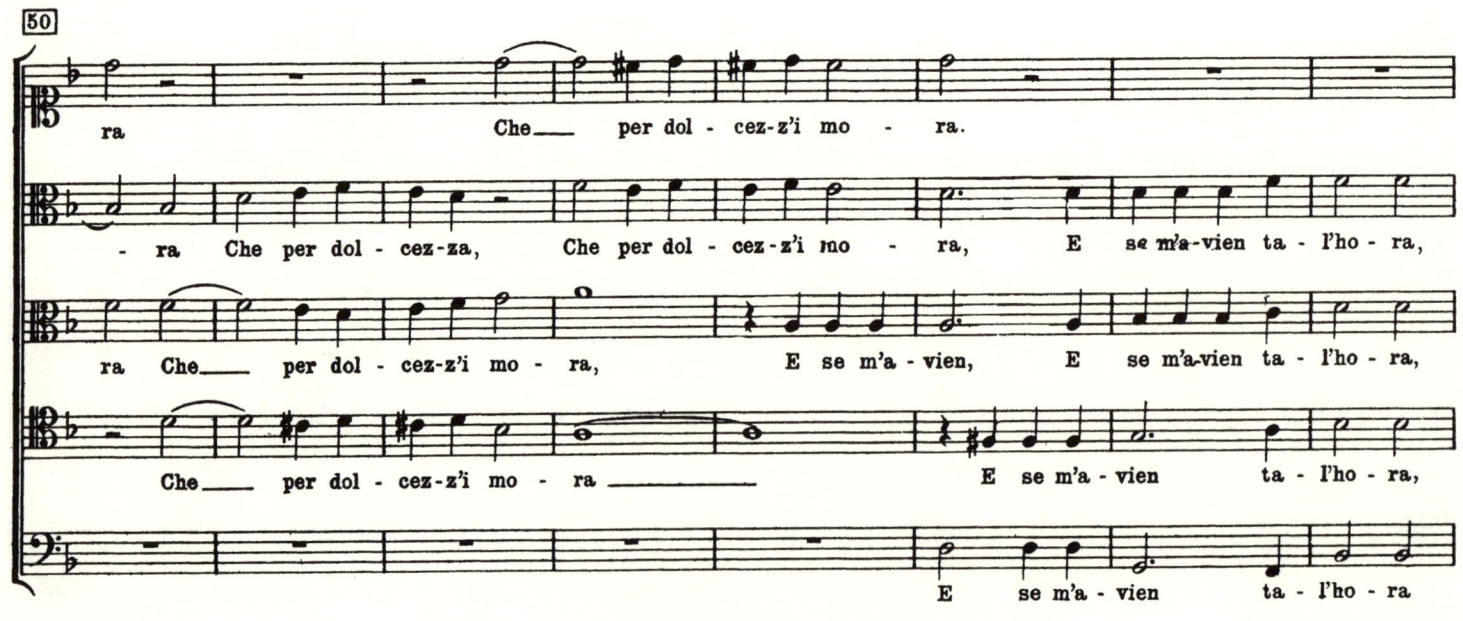

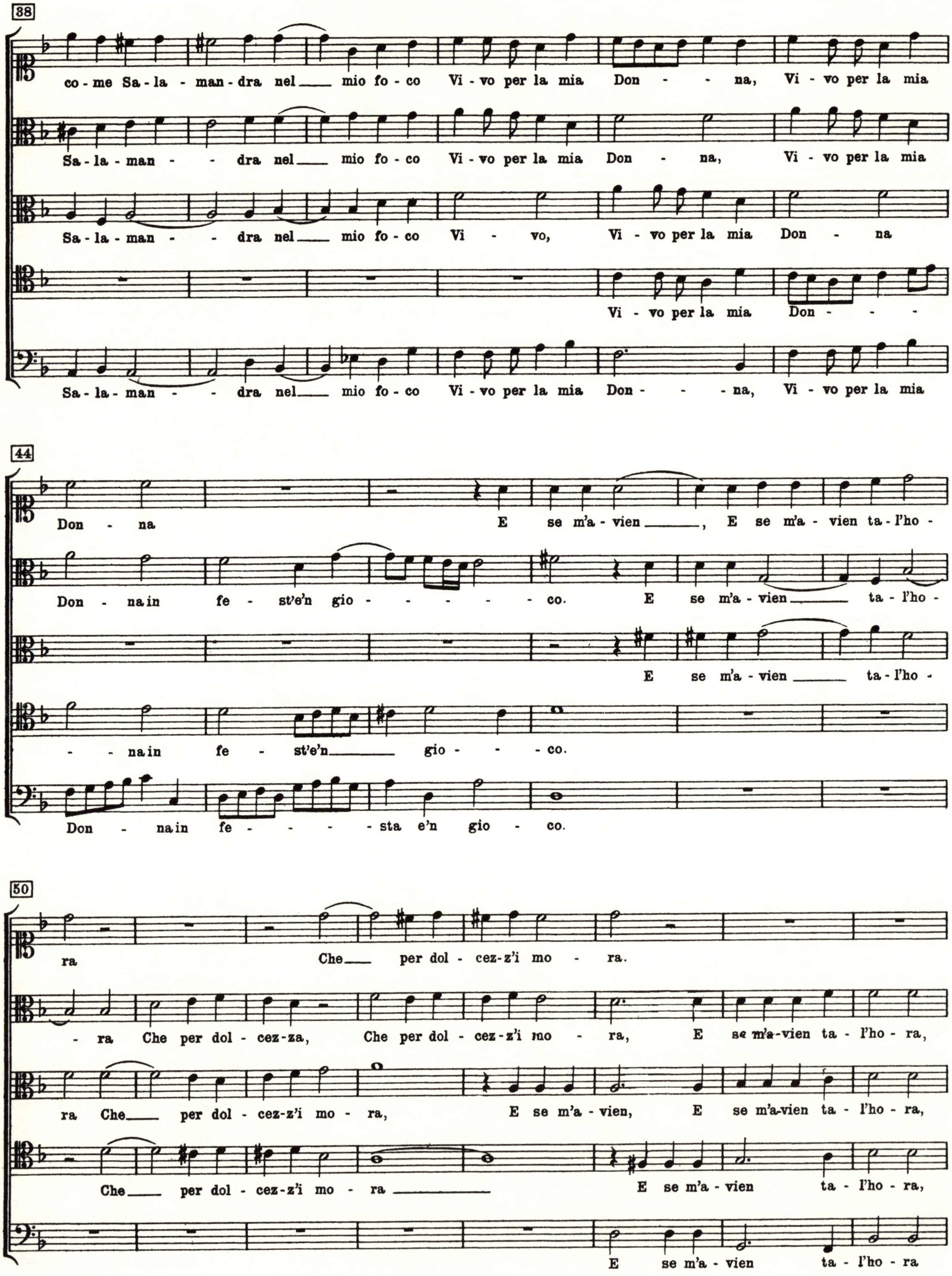
38
co-me Sa-la-man-dra nel mio fo-co Vi-vo per la mia Don-na, Vi-vo per la mia
Sa-la-man-dra nel mio fo-co Vi-vo per la mia Don-na, Vi-vo per la mia
Sa-la-man-dra nel mio fo-co Vi-vo, Vi-vo per la mia Don-na
Vi-vo per la mia Don-
Sa-la-man-dra nel mio fo-co Vi-vo per la mia Don-na, Vi-vo per la mia
44
Don-na E se m'a-vien, E se m'a-vien ta-l'ho-
Don-na in fe-st'e'n gio-co. E se m'a-vien ta-l'ho-
E se m'a-vien ta-l'ho-
-na in fe-st'e'n gio-co.
Don-na in fe-sta e'n gio-co.
50
ra Che per dol-cez-z'i mo-ra.
-ra Che per dol-cez-za, Che per dol-cez-z'i mo-ra, E se m'a-vien ta-l'ho-ra,
ra Che per dol-cez-z'i mo-ra, E se m'a-vien, E se m'a-vien ta-l'ho-ra,
Che per dol-cez-z'i mo-ra E se m'a-vien ta-l'ho-ra,
E se m'a-vien ta-l'ho-ra

Aus: III. Buch der Madrigale, 1592

Leonhard Lechner
⟨um 1550–1606⟩

Aus: Neue Teutsche Lieder, 1582

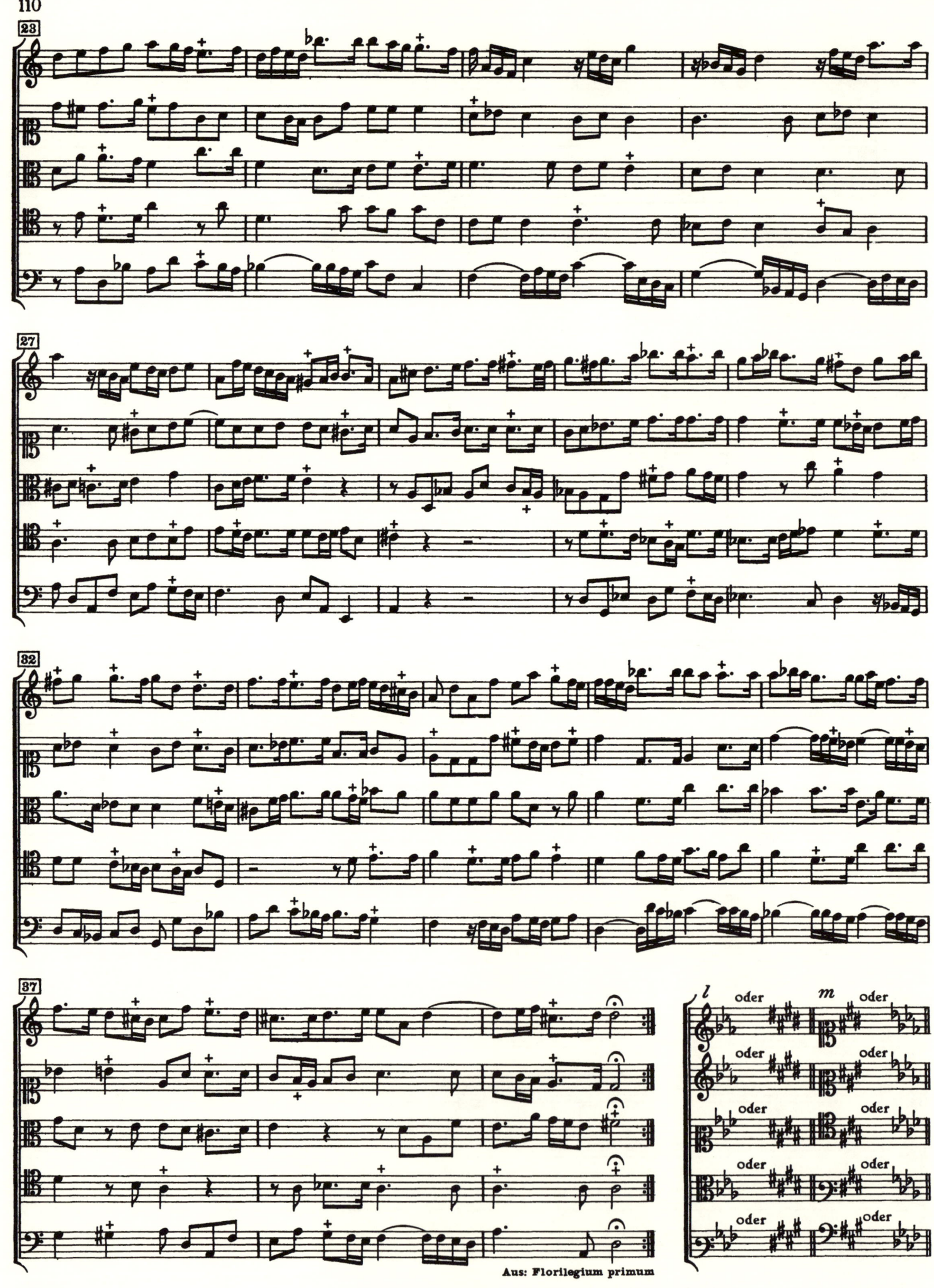

Aus: Florilegium primum

V. Chiavetten

Die Chiavetten spielen in der alten Chormusik – wie das schon in den „Erläuterungen" erwähnt wurde – eine hervorragende Rolle. Besonders sind es der Mezzosopran- und der Baritonschlüssel, denen man immer wieder, z. B. in den Werken Palestrinas, Orlando di Lassos, Haßlers u. a. m., begegnet. Diese Schlüssel, wie auch den noch später zu behandelnden Französischen Violin- und Subbaßschlüssel, werden nicht mehr „absolut" gelesen, wie es beim Sopran-, Alt- und Tenorschlüssel geübt werden mußte, sondern man behilft sich hier mit Transpositionsvorstellungen, Übungen, die eine gute Vorbereitung für das Lesen der transponierenden Instrumente des Orchesters darstellen. Bei der Transposition geht man von den Linien des Liniensystems aus. <u>Eine</u> Linie Unterschied ergibt eine große oder eine kleine Terz, <u>zwei</u> Linien Unterschied ergeben eine reine oder eine verminderte Quinte. Welches Intervall in Frage kommt, entnimmt man aus der jeweiligen Tonart.

h) Der Mezzosopranschlüssel

Man liest diesen Schlüssel zwei Linien tiefer als die Noten im Violinschlüssel ergeben würden. Vorzeichen müssen entsprechend beachtet werden.

Als Übungen nehme man alle unter dem Signum *h* angegebenen Transpositionsschlüssel der zwei- und dreistimmigen Beispiele, also Nr. 1*h*, 2*h* u.s.f. bis Nr. 46*h*.

i) Der Baritonschlüssel

Diesen Schlüssel liest man eine Linie höher als die Noten im Baßschlüssel ergeben würden.

Als Übungen nehme man die zwei- und dreistimmigen Beispiele unter dem Signum *i*, also 1*i*, 2*i* u.s.f. bis 46*i*.

k) Übungen mit dem Mezzosopran- und Baritonschlüssel

Ehe man mit den folgenden vierstimmigen Originalsätzen beginnt, studiere man die zwei- und dreistimmigen Übungsbeispiele unter dem Signum *k*, also 6*k*, 7*k* u.s.f. bis 46*k*.

k¹ Vierstimmig — Johann Eccard (1553–1611)

84 Kein Freud ohn dich ich haben mag, kein Freud ohn dich ich haben mag, mein Trost auf dieser Erden, dann nur bei dich ich haben mag,

Aus: Neue geistliche und weltliche Lieder, Königsberg 1589

Die Chiavetten unter g mögen zur Übung sofort gespielt werden.

Aus: Sechs teutsche Lieder, 1573

Die Chiavetten unter *i* sofort spielen.

Bransle Gentil
Michael Praetorius
⟨1571 – 1621⟩

87

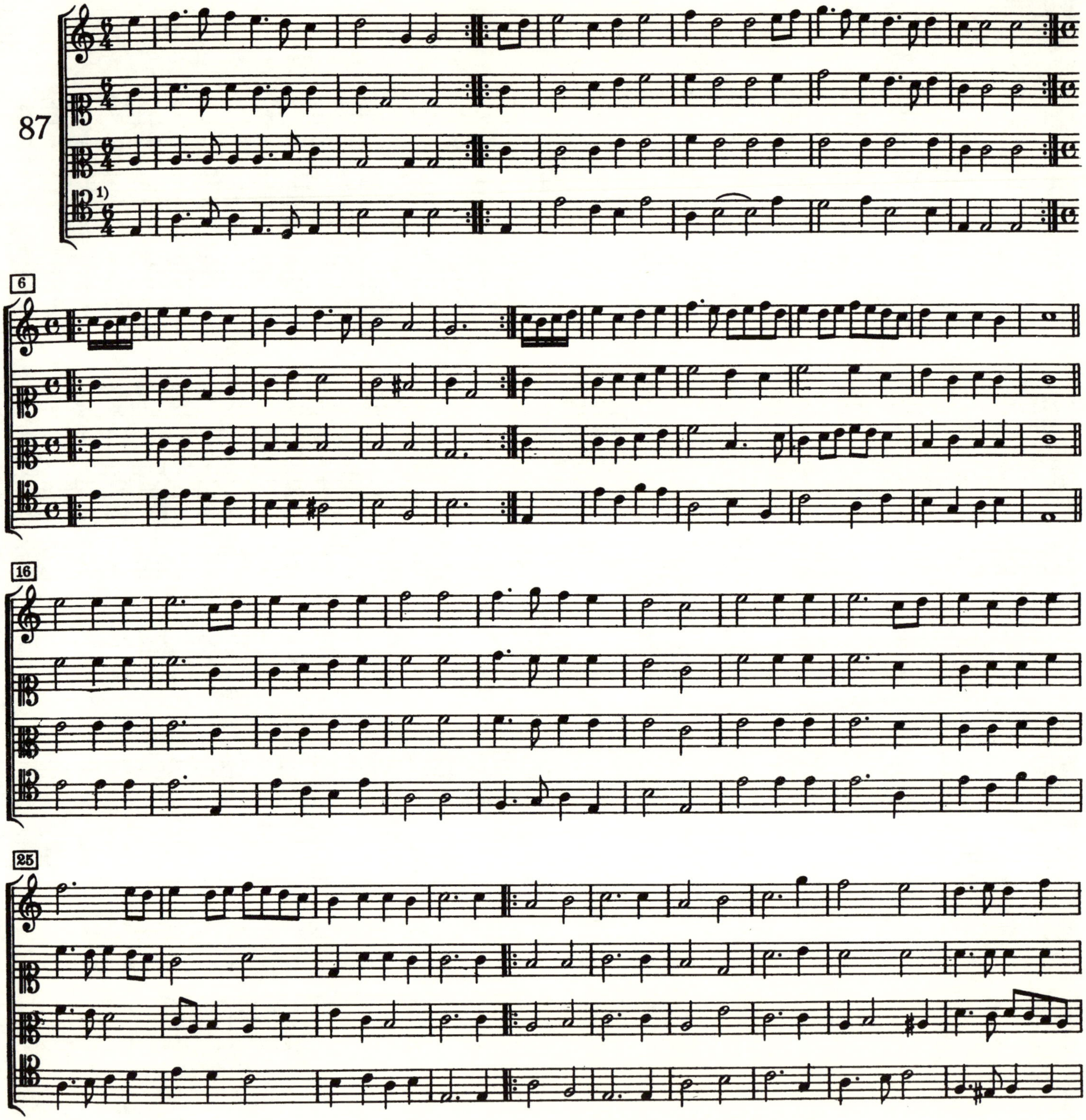

Aus: Terpsichore, 1612

Die Chiavetten unter 86h und 87h mögen anschließend geübt werden, dann greife man auf die vierstimmigen Übungen ab 47k zurück.

1) Hier wurde der Baritonschlüssel als C-Schlüssel auf der 5. Linie geschrieben; man liest ihn zweckmäßig so, als stünde dort der F-Baritonschlüssel.

Aus: Cantiones sacræ

Die Chiavetten unter *h* mögen anschließend gespielt werden.

Jean Baptiste Lully
⟨1632–1687⟩

Rondeau

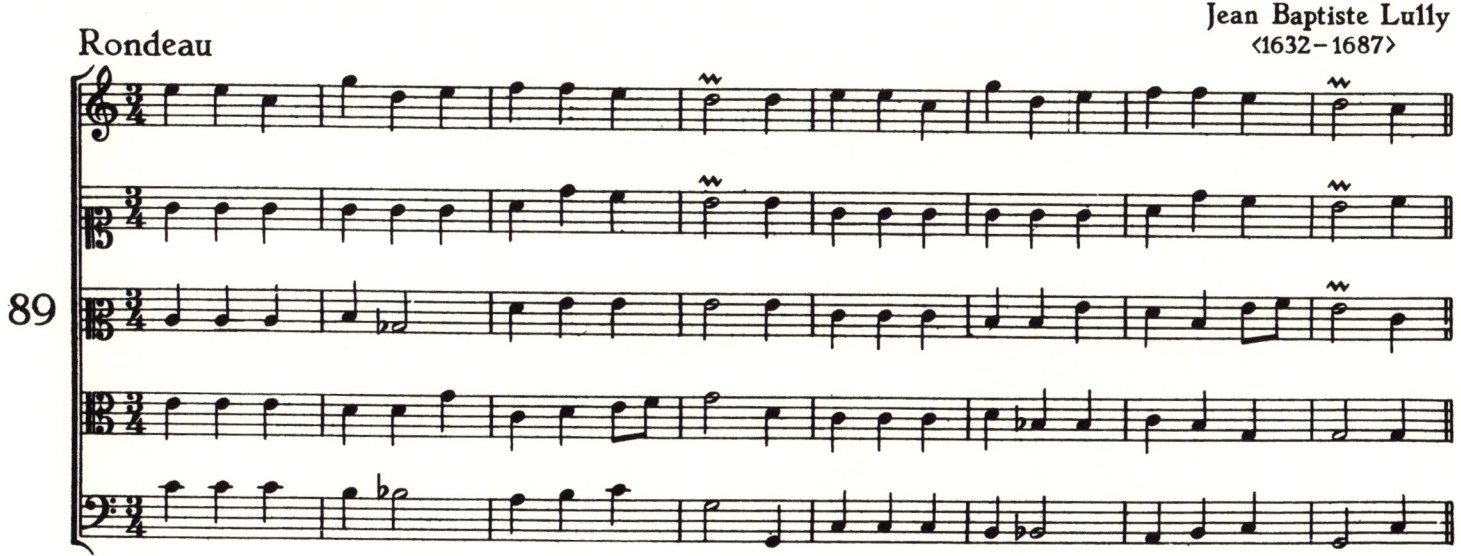

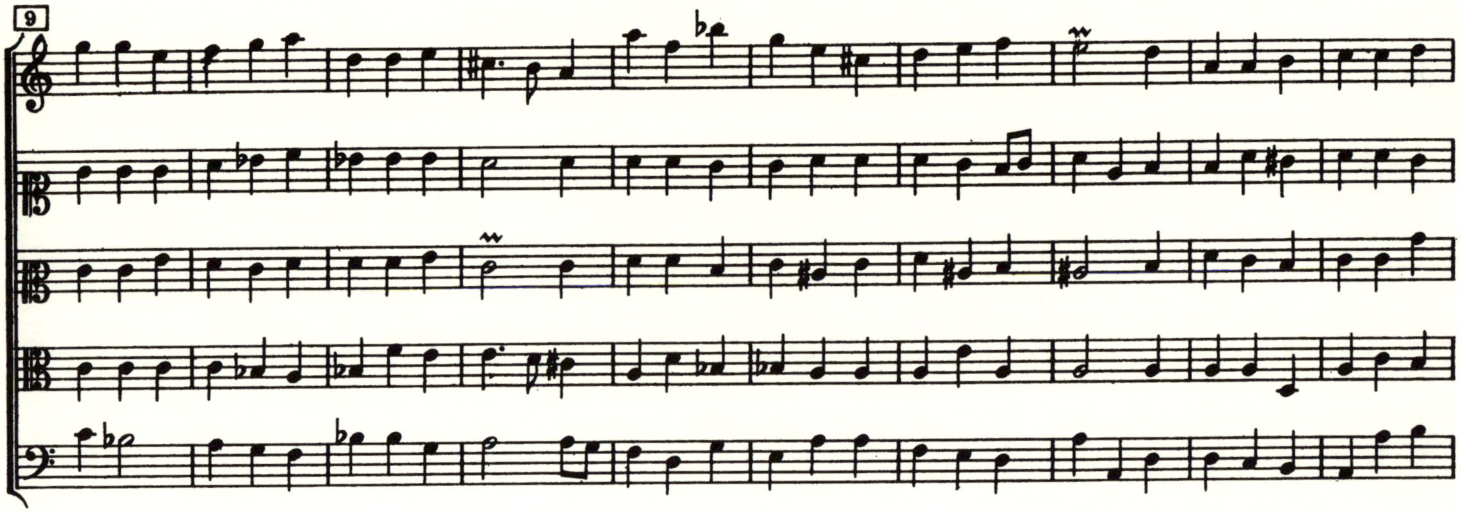

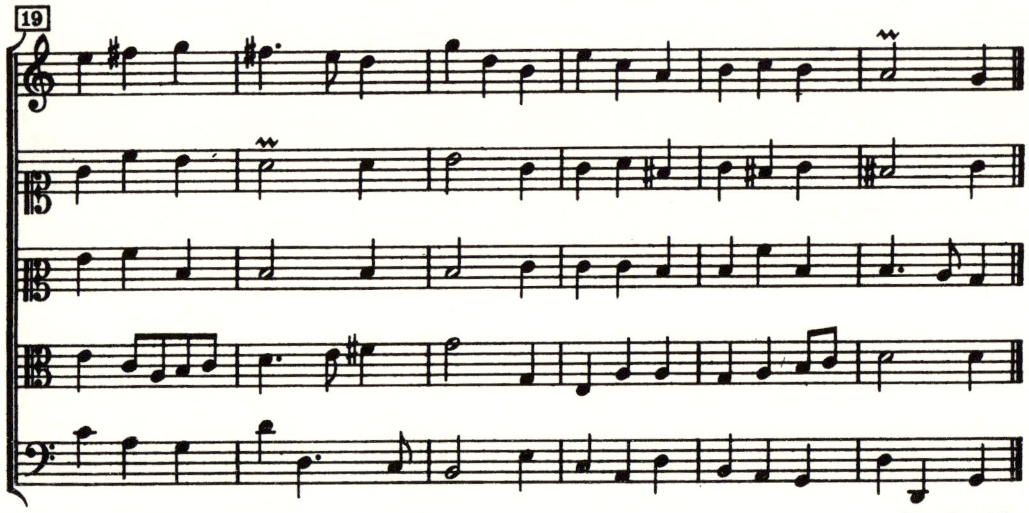

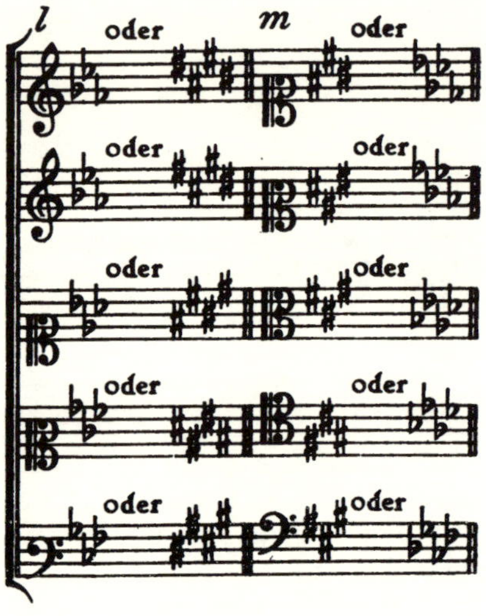

Aus: Armide

Hier folgen zur Übung die Chiavetten Nr. 78 *k* bis 82 *k*

l) Der französische Violinschlüssel

Für den Französischen Violinschlüssel, wie auch für den Subbaßschlüssel wurden aus Raumgründen keine Originalsätze bereitgestellt. Man bediene sich zur Übung der Chiavetten unter dem Signum *l*, wodurch genügend Material gegeben sein dürfte.

Man liest den Französischen Violinschlüssel eine Linie (große oder kleine Terz) höher als die Noten im Violinschlüssel darstellen würden.

Französischer Violinschlüssel

Umschrift im Violinschlüssel

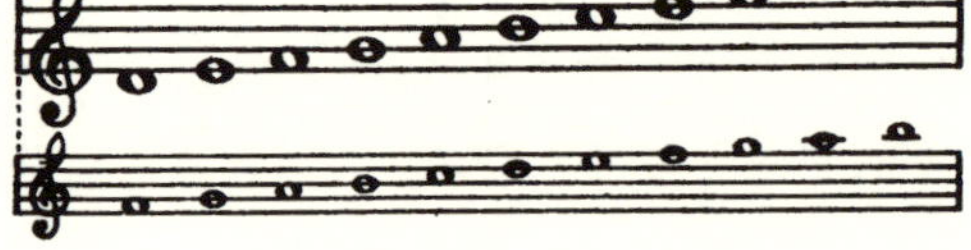

m) Der Subbaßschlüssel

Der Subbaßschlüssel wird eine Linie (große oder kleine Terz) tiefer gelesen als die Noten im Baßschlüssel ergeben würden. Man kann sich auch den Violinschlüssel um zwei Oktaven tiefer denken.

Subbaßschlüssel

Umschrift im Baßschlüssel

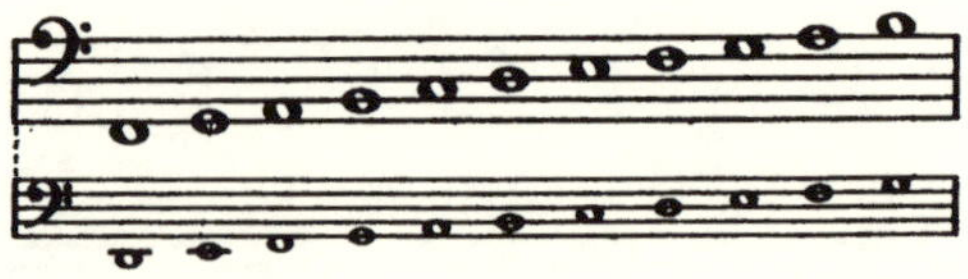

Zur Übung nehme man die Chiavetten unter dem Signum *m*.

TABELLE
DER IN DIESER SCHULE ZUR ANWENDUNG KOMMENDEN SCHLÜSSELKOMBINATIONEN

Abkürzungen:

Fr. = Französischer Violinschlüssel   A. = Altschlüssel
V. = Violinschlüssel   T. = Tenorschlüssel
S. = Sopranschlüssel   Bar. = Baritonschlüssel
M. = Mezzosopranschlüssel   B. = Baßschlüssel
Subb. = Subbaßschlüssel

Zweistimmig
1. V.–S.   1, 2, 16a
2. V.–A.   8–10, 6b–7b, 17b, 18b
3. S.–A.   11, 12, 13c–15c
4. S.–T.   6f–10f, 17, 18
5. S.–B.   3
6. A.–T.   1e, 2e, 16
7. A.–B.   6–7, 17b, 18b
8. T.–B.   11d, 12d, 13–15
9. V.–M.   11h–15h
10. V.–Bar.   3i–5i
11. S.–M.   1h, 2h, 16h
12. M.–A.   1h, 2h, 16h
13. M.–T.   11h–15h
14. M.–Bar.   8k–10k, 17k, 18k
15. A.–Bar.   11i–15i
16. T.–Bar.   1i, 2i, 16i
17. Bar.–B.   16i

Dreistimmig
18. V.–S.–S.   20
19. V.–S.–A.   24
20. V.–S.–T.   36, 37
21. V.–S.–B.   19
22. V.–A.–A.   39b
23. V.–A.–T.   33
24. V.–A.–B.   22
25. V.–T.–T.   32
26. V.–T.–B.   30
27. S.–S.–A.   27, 28, 31c
28. S.–S.–T.   23f, 40
29. S.–S.–B.   21
30. S.–A.–A.   29
31. S.–A.–T.   41–46
32. S.–A.–B.   25, 26
33. S.–T.–T.   39
34. S.–T.–B.   38
35. A.–A.–T.   34
36. A.–A.–B.   23, 40b
37. A.–T.–T.   20e
38. A.–T.–B.   24e, 35
39. T.–T.–B.   27d, 28d, 31
40. V.–V.–Bar.   21i
41. V.–M.–M.   29h
42. V.–M.–A.   41h–46h
43. V.–M.–Bar.   25k, 26k
44. V.–A.–Bar.   38i
45. S.–S.–M.   34h
46. S.–M.–M.   20h
47. S.–M.–T.   24h, 35h
48. S.–M.–Bar.   36k, 37k
49. S.–T.–Bar.   33i
50. S.–Bar.–Bar.   32i
51. M.–M.–A.   34h
52. M.–M.–T.   27h, 28h, 31h
53. M.–M.–Bar.   23k, 40k
54. M.–A.–A.   20h
55. M.–A.–Bar.   24k, 35k
56. M.–A.–B.   36h, 37h
57. M.–T.–T.   29h
58. M.–T.–Bar.   41k–46k
59. M.–Bar.–Bar.   39k
60. M.–Bar.–B.   33k
61. A.–A.–Bar.   27i, 28i, 31i
62. A.–Bar.–Bar.   29i
63. A.–Bar.–B.   41i–46i
64. T.–T.–Bar.   34i
65. T.–Bar.–Bar.   20i
66. Fr.–V.–M.   24l
67. Fr.–V.–A.   36l, 37l
68. Fr.–V.–Bar.   19l
69. Fr.–S.–M.   41l–46l
70. Fr.–M.–M.   39l
71. Fr.–M.–A.   33l
72. Fr.–M.–T.   25l, 26l, 38l
73. Fr.–M.–Bar.   22l
74. Fr.–A.–A.   32l
75. Fr.–A.–Bar.   30l
76. S.–M.–Subb.   19m
77. S.–T.–Subb.   22m
78. S.–Bar.–Subb.   30m
79. M.–M.–Subb.   21m
80. M.–T.–Subb.   25m, 26m
81. M.–Bar.–Subb.   38m
82. A.–T.–Subb.   36m, 37m
83. T.–T.–Subb.   40m
84. T.–Bar.–Subb.   35m
85. T.–B.–Subb.   41m–46m
86. Bar.–Bar.–Subb.   31m

Vierstimmig
87. V.–S.–S.–A.   71c
88. V.–S.–A.–T.   73
89. V.–S.–A.–B.   69
90. V.–S.–T.–B.   72
91. V.–A.–A.–T.   68
92. V.–A.–T.–B.   70
93. S.–S.–S.–A.   76
94. S.–S.–A.–T.   75
95. S.–S.–A.–B.   74
96. S.–A.–T.–B.   47–67, 84g
97. A.–T.–T.–B.   71
98. T.–T.–T.–B.   76d
99. V.–V.–M.–A.   75h
100. V.–V.–M.–Bar.   74k
101. V.–S.–M.–Bar.   87
102. V.–S.–A.–Bar.   86
103. V.–M.–A.–T.   85
104. V.–M.–A.–Bar.   47k–67k, 84
105. S.–M.–M.–T.   71h
106. S.–M.–A.–B.   87h
107. S.–M.–T.–Bar.   73k
108. S.–M.–T.–B.   86h
109. S.–A.–T.–Bar.   85i
110. M.–M.–M.–T.   76h
111. M.–M.–T.–Bar.   75k
112. M.–A.–A.–Bar.   71k
113. M.–A.–Bar.–Bar.   73k
114. M.–T.–Bar.–B.   85k
115. A.–A.–A.–Bar.   76i
116. A.–A.–Bar.–B.   75i
117. Fr.–Fr.–Fr.–S.   76l
118. Fr.–Fr.–S.–M.   75l
119. Fr.–Fr.–S.–T.   74l
120. Fr.–V.–V.–M.   71l
121. Fr.–V.–S.–T.   87l
122. Fr.–V.–M.–A.   73l
123. Fr.–V.–M.–Bar.   69l
124. Fr.–V.–A.–Bar.   72l
125. Fr.–V.–M.–T.   86l
126. Fr.–S.–M.–A.   85l
127. Fr.–S.–M.–T.   47l–67l, 84l
128. Fr.–M.–M.–Bar.   68l
129. Fr.–M.–A.–Bar.   70l
130. S.–M.–T.–Subb.   69m
131. S.–M.–Bar.–Subb.   72m
132. S.–T.–T.–Subb.   68m
133. S.–T.–Bar.–Subb.   70m
134. M.–M.–T.–Subb.   74m
135. M.–A.–T.–Subb.   87m
136. M.–A.–Bar.–Subb.   86m
137. M.–T.–Bar.–Subb.   47m–67m
138. A.–T.–B.–Subb.   73m
139. A.–Bar.–B.–Subb.   85m
140. T.–Bar.–Bar.–Subb.   71m
141. Bar.–Bar.–Bar.–Subb.   76m

Fünfstimmig
142. V.–V.–A.–T.–B.   77
143. V.–S.–A.–T.–B.   83
144. S.–S.–A.–T.–B.   78–80
145. S.–A.–A.–T.–B.   81
146. S.–A.–T.–T.–B.   82
147. V.–V.–M.–A.–Bar.   78k–80k
148. V.–S.–M.–A.–Bar.   88
149. V.–S.–M.–A.–B.   89
150. V.–M.–M.–A.–Bar.   81k
151. V.–M.–A.–A.–Bar.   82k
152. S.–M.–A.–T.–B.   88h
153. Fr.–Fr.–S.–M.–T.   78l–80l
154. Fr.–Fr.–M.–A.–Bar.   77l
155. Fr.–V.–S.–M.–T.   88l
156. Fr.–V.–S.–M.–Bar.   89l
157. Fr.–V.–M.–A.–Bar.   83l
158. Fr.–S.–S.–M.–T.   81l
159. Fr.–S.–M.–M.–T.   82l
160. S.–S.–T.–Bar.–Subb.   77m
161. S.–M.–A.–T.–Subb.   89m
162. S.–M.–T.–Bar.–Subb.   83m
163. M.–M.–T.–Bar.–Subb.   78m–80m
164. M.–A.–T.–Bar.–Subb.   88m
165. M.–T.–T.–Bar.–Subb.   81m
166. M.–T.–Bar.–Bar.–Subb.   82m

KOMPONISTENVERZEICHNIS

	Nr.		Nr.
Bach, Joh. Seb. (1685—1750)	28, 35, 55—67, 75, 77, 79	Lully, Jean-Baptiste (1632—1687)	89
Busnoys, Antoine (um 1467—1492)	22, 33	Mattheson, Johann (1681—1764)	4, 5
da Cascia, Giovanni (1329—1351)	7	Monteverdi, Claudio (1567—1643)	19, 37, 81
des Près, Josquin (um 1450—1521)	1, 6, 8, 13, 17	Muffat, Georg (um 1645—1704)	83
Dietrich, Sixtus (um 1490/95—1548)	20	Ockeghem, Johannes (um 1430—1495)	32
Eccard, Johannes (1553—1611)	42, 84	Palestrina, Giovanni Pierluigi da (1525—1594)	26, 27, 29, 44, 45, 71, 76
Franck, Melchior (um 1573—1639)	53	Peuerl, Paul (bis 1625)	52, 70
Glogauer Liederbuch (1480)	30, 38	Posch, Isaac (gest. um 1622)	80
Gumpelzhaimer, Adam (1559—1625)	21, 36, 74	Praetorius, Michael (1571—1621)	43, 51, 87
Hassler, Hans Leo (1564—1612)	49, 73, 78, 86, 88	Scheidt, Samuel (1587—1654)	12, 18
Hausmann, Valentin (um 1600)	54	Schein, Joh. Herm. (1586—1630)	69, 72
Lasso, Orlando di (1532—1594)	9, 14—16, 23, 40, 46, 85	Schütz, Heinrich (1585—1672)	50
Lechner, Leonhard (um 1550—1606)	82	Schultz, Johannes (1582—1653)	2, 10, 24
Löhlein, Georg Simon (1727—1782)	3	Senfl, Ludwig (um 1492—1555)	11, 25, 31, 34, 39, 68
Lotti, Antonio (um 1667—1740)	41, 48	Stadlmayr, Johann (1560—1648)	47

Edition Peters, Leipzig
Bestell-Nr. 4604
Ausgabe Eigentum des Verlages
Lizenz-Nr. 415-330/120/83
Druck: Offizin Andersen Nexö,
Graphischer Großbetrieb, Leipzig III/18/38
Printed in the German Democratic Republic